2024 개정판

WMS
원리와 이해

김정현 · 이만조 공저

· WMS(창고관리) 시스템을
보다 쉽게 이해하고 활용할 수 있는 실무서

· 2007년 초판 이후 변화된
WMS 및 IT 최신 기술 반영

· 다양한 **예제**와 **화면, 실무 활용 KPI** 제공

WIDcloud

Profile

김 정 현 (kjh105208@naver.com)

- 명지대학교 산업경영공학 박사
- 서경대학교 물류대학원 석사
- KAIST Convergence AMP 24기 수료
- 서울대학교 경영대학 AMP 96기 수료

- 동원산업 물류부문 경영정보팀장
- 국제종합물류 IT추진팀장
- 웅진그룹 통합물류추진TF
- 대한통운 IT서비스팀 부장
- 지오영, 케어캠프 정보기술실 상무(현)

이 만 조 (manjo2@hanmail.net)

- 서울대학교 농업교육과 졸업

- 동원F&B 물류팀, 기획팀
- 롯데로지스틱스 물류기획담당
- 웅진식품 물류부장
- 한국복합물류3PL사업팀장
- 삼진지에스 상무
- 지오영 물류본부장 부사장
- 인천약품 물류본부장 부사장(현)

최근 물류 환경은 글로벌화, 맞춤형 유통체제, 대형 유통기업의 등장, 홈쇼핑 및 인터넷 쇼핑 등의 전자상거래 활성화로 인하여 기업의 핵심 역량으로서 물류 부문의 지속적인 개선과 적극적인 투자를 진행하고 있다.

WMS(창고관리), TMS(수배송관리), OMS(주문관리) 등의 여러 물류 시스템이 존재하고 있지만 그중에서도 WMS(창고관리) 시스템은 물류 프로세스의 기반을 다루고 있는 만큼 가장 중요하고 우선적으로 도입 활용하고 있다.

국내에는 WMS에 관련된 서적들이 출간되고 있으나 대부분 번역서이거나 WMS 사례 위주의 내용으로 출판된 경우가 많아 WMS의 전반적인 체계와 개념을 이해하기에는 다소 어려움이 많았다.

이 책의 초판은 2007년 회사 동료로부터 WMS(창고관리) 시스템에 대한 기능과 원리를 물류 초보자가 봐도 쉽게 이해할 수 있는 입문서가 있었으면 좋겠다는 대화에서부터 시작되었으며 2023년까지 약 15년간의 WMS 시스템의 변화된 환경을 최대한 반영하여 개정판을 준비하였다.

그동안 제조 및 물류유통기업에서 물류시스템의 구축하고 운영한 경험을 바탕으로 실무부서 담당자나 물류에 대해 새롭게 배우려는 독자들에게 WMS(창고관리) 시스템을 보다 쉽게 이해하고 활용할 수 있는 실무서가 되도록 노력하였다.

WMS(창고관리 시스템) 시스템의 개요에서부터 입고, 출고, 재고관리, 크로스도킹, 유통가공 등의 프로세스 전반에 걸쳐 독자가 최대한 쉽게 이해할 수 있도록 다양한 예제와 화면, KPI 등을 최대한 반영하였다.

이 책을 통해 WMS(창고관리 시스템)의 원리와 개념을 쉽게 이해하고 업무에 활용될 수 있기를 바란다.
끝으로 책의 기획부터 출판까지 도움을 주시고 격려해 주신 모든 분들께 감사의 말씀을 드린다.

Contents

Contents

Contents

WMS 개요

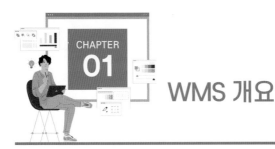

WMS 개요

01 ERP와 물류시스템

가. ERP 시스템

ERP(Enterprise Resource Planning) 시스템은 기업 활동에 필요한 인사, 재무회계, 관리회계, 영업, 구매/자재, 생산 관련 프로그램과 각종 데이터를 통합하여 관리함으로써 부문별 최적화가 아닌 전사 차원에서 최적화하여 성과를 향상 시킬 수 있는 시스템이다.

[그림 1-1] ERP 시스템의 발전 단계

ERP 시스템의 시작은 학계에 따라 다를 수는 있지만 MRP(Materials Requirement Planning)에서부터 시작되었다고 볼 수 있다. Materials Requirement Planning은 의미 그대로 공장에서 제품을 생산하기 위해 필요한 원부자재들이 부족하지 않도록 부족한 품목들은 사전에 발주하여 생산량을 최대한 높이기 위한 시스템이다.

하지만, MRP 시스템에도 문제가 있다. 제품 생산에 필요한 원부자재를 부족하지 않도록 공급한다고 하더라도 원부자재를 가공할 설비가 부족 하다면 원하는 생산 목표를 채우지 못할 것이다. 이러한 문제점을 극복하기 위해 MRP-II(Manufacturing Resource Planning)라는 개념이 부각되었다.

MRP-II(Manufacturing Resource Planning)는 기존의 MRP의 개념을 확장하여 MRP에서 고려하지 못했던 생산에 필요한 인력이나 공장 설비의 능력에 대해 함께 종합적으로 고려 하고 이를 생산 계획 및 관리에 반영함으로써 보다 정교한 생산 관리 체계를 갖출 수 있었다.

MRP-II 또한 적용하면서 여러 한계에 부딪힌다. 최적의 생산을 위해 필요한 원부자재를 매입하고 생산에 필요한 설비를 도입하기 위해서는 "돈"이 필요하다. 무한정 돈을 투자할 수 있다면 아무런 문제가 없겠으나 유한한 "돈"이라는 중요한 자원은 늘 부족하기 때문이다.

또한, 영업 활동을 통해 생산된 제품이 잘 팔려야 만들어진 제품이 다시 돈과 이익으로 환원되어 다시 생산활동으로 투입할 수 있다. 즉, 영업 상황을 고려하면서 부족하거나 잘 팔리는 제품 위주로 생산을 해야 하는 것이다.

이러한 문제점들을 극복하기 위해 ERP가 등장하게 된다. ERP는 MRP-II에서 한계로 지적되었던 "돈"에 대한 관리 방법인 재무회계 기반으로 인사, 구매, 생산, 영업, 물류 등 기업의 모든 활동들을 관리하고 최적화하는 활동을 수행 함으로써 각 단위 활동의 극대화가 아닌 기업 이윤을 극대화하기 위한 필수적인 시스템으로 활용되고 있다.

기업 환경은 고객의 다양한 요구에 맞추어 다품종 소량 체제를 넘어 고객별 맞춤형으로 시장이 빠르게 변화하고 있다. 오프라인 위주의 B2B 시장에서 고객과 직접 거래하는 모바일 B2C 시장으로 빠르게 이동하고 있으며, 기업 단위의 생산, 구매, 영업, 마케팅 활동에서 벗어나 기업 간의 글로벌 협업 또한 필수적인 활동으로 대두되고 있다.

ERP 역시 이러한 환경에 대응하기 위해 고객관계관리(CRM, Customer Relationship Management) 및 공급망관리(SCM, Supply Chain Management) 등의 시스템과 통합하거나 확장할 수 있는 ERP 시스템으로 확장과 발전을 거듭하고 있다.

나. 물류시스템

생산과 영업력만 있으면 재고가 쌓일 틈도 없이 잘 팔리는 시대에서는 전문적인 물류관리 시스템에 대한 요구가 거의 없었다. 기업의 전체 프로세스를 최적화하기 위한 시스템인 ERP 시스템만으로도 충분히 업무를 수행할 수 있었다.

점차 시장이 글로벌화되고 B2B 위주의 시장에서 직접 고객을 상대하는 B2C로 채널이 다양화되면서 다품종 소량생산이 일반화되고 유통기한, 로트번호, 일련번호 등을 관리해야 하는 세분화되고 복잡한 물류시스템의 필요성이 대두되었다.

물류시스템은 전체 최적화 관점에서 ERP 시스템이 대응하기 어려운 재고관리, 주문, 수배송 등 다양하고 복잡한 물류 업무들을 효율적으로 수행할 수 있도록 특화된 시스템이라 할 수 있다. 물류시스템들은 독립적으로 운영하기보다는 ERP 시스템과 실시간으로 정보를 주고받으면서 ERP를 지원하기 위한 목적으로 개발되었다.

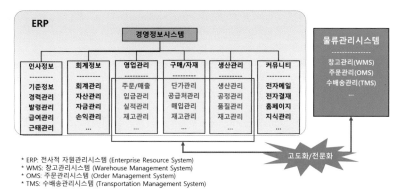

* ERP: 전사적 자원관리시스템 (Enterprise Resource System)
* WMS: 창고관리시스템 (Warehouse Management System)
* OMS: 주문관리시스템 (Order Management System)
* TMS: 수배송관리시스템 (Transportation Management System)

[그림 1-2] ERP와 물류시스템 연관도

물류시스템에는 주문을 접수하고 ERP 시스템과의 연계(인터페이스)하고 주문 접수를 대행할 수 있는 OMS(Order Management System), 창고에 보관되어 있는 제품을 체계적으로 보관하고 출고하기 위한 WMS(Warehouse Management System) 그리고 고객에게 차량 등의 운송수단으로 안전하게 전달하기 위한 TMS(Transportation Management System)이 대표적이다.

구분	내 용	비고사항
실행관련	-주문관리(OMS) : 주문을 접수하고 진행 사항 및 데이터 연계 담당 -창고관리(WMS) : 창고내 재고를 체계적으로 보관, 입출고 처리 -배송관리(TMS) : 제품을 고객에게 전달하기 위한 운송수단 관리 -차량관제(CVO) : 차량 운행을 최적화, 위치, 상태 등을 관리	
계획관련	-예 측 : 수요예측, 적정재고관리, 공급망계획 등 -최적화 : 물류거점분석, 적재최적화, 재고배치, 창고설계 등	

[그림 1-3] 주요 물류시스템

02 WMS 시스템

가. 정의

WMS(Warehouse Management System)시스템이란 창고관리를 체계적이고 효율적으로 관리하기 위한 시스템이다. 넓은 의미로 수배송관리, 주문관리, 실적관리 등의 창고와 연관된 모든 물류기능이 모두 포함된 시스템으로 생각할 수 있으나 엄밀히 말하자면 창고 내에서 일어나는 재고의 흐름과 작업자들의 업무를 지원하기 위한 시스템이다.

WMS 시스템의 기본적인 목적은 물류센터 또는 창고에서 근무하는 작업자 또는 관리자가 입출고되는 재고에 대해 정확히 관리에 그 목적이 있다. 다시 말해서 창고(Warehouse)에 재고를 관리 또는 출고하기 쉽도록 입고하고, 입고된 재고를 훼손 또는 분실 또는 방치되지 않고 출고가 원활하게 이루어질 수 있도록 최적의 상태로 재고를 관리하고, 원하는 시점에 원하는 재고를 빠르고 정확하게 출고시키는 일련의 과정을 실행하고 관리 할 수 있는 시스템을 말한다.

WMS 시스템은 재고를 보다 잘 관리할 수 있도록 만들어진 특화된 시스템이기 때문에 독립적으로 운영될 수 없고 ERP와 같은 타시스템과 밀접한 연관을 가지고 있다.

A기업에서 제품을 제조하여 판매한다고 가정을 한다면 먼저 공장에서 운영되고 있는 생산시스템에서 생산된 정보를 입고정보로 받아야

될 것이다. 입고된 정보는 재고로 관리되고 회계정보시스템이나 영업시스템에서 판매가 가능한 재고가 몇 개인지를 정보가 공유되어야 한다.

영업시스템에서 영업활동의 결과로 주문정보를 입력하면 그 정보는 WMS의 출고예정 정보로 전송되어 WMS 시스템에서 출고처리 작업이 수행이 될 것이며 출고 완료된 결과는 다시 회계, 영업, 생산시스템에 다시 피드백된다. 이와 같이 WMS 시스템은 생산, 회계, 영업시스템과 밀접한 관계를 가지고 정보와 재고가 변동이 실시간으로 공유되어야 하기 때문에 시스템 간의 인터페이스가 필수적이다.

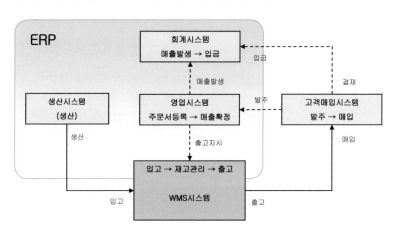

[그림 1-4] ERP와 WMS 시스템 연계

나. 주요특징

WMS 시스템은 다음과 같이 재고관리를 효율적으로 운영할 수 있도록 로케이션 관리, LOT관리, 실시간 재고관리라는 3가지 특징이 있다.

로케이션 관리	LOT 관리	실시간 모바일 / 자동화
-적재단위별로 주소 부여 -재고와 주소를 연결 관리	-생산LOT, 유통기한 관리 -시리얼 관리	-바코드,RFID활용 -모바일 장비 활용 -자동화 설비/로봇 연동

[그림 1-5] WMS 주요 특징

(1) 로케이션 관리

로케이션 관리란 창고를 보관하는 공간에 주소를 부여하고 재고를 주소단위로 구분하여 보관하는 것을 말한다. 기존의 시스템에서는 재고를 총수량만 관리하는데 반해 WMS 시스템의 가장 큰 특징이라 할 수 있다.

?	?	?	?
	10	10	5
?	?	?	?
			5

< 총량 재고관리 >

<총 30개 보관>
-위치는 관리안함
(작업자만 기억)

A1	A2	A3	A4
	10	10	5
B1	B2	B3	B4
			5

< 로케이션 재고관리 >

<총 30개 보관>
-A2 주소에 10개
-A3 주소에 10개
-A4 주소에 5개
-B4 주소에 5개

[그림 1-6] 총량 재고관리와 로케이션 관리 비교

[그림 1-6]에서와 같이 재고 30개 보관한다고 가정을 하면 기존에는 "재고가 총 30개 있다"라는 정보만을 관리하는 것이 일반적이다. 하지만 WMS 시스템에서는 창고 내에 적재되는 공간마다 주소를 부여하여 재고를 관리한다.

예를 들면 "A2번지에 10개, A3번지에 10개, A4번지에 5개, B4번지에 5개가 있다"라는 형태로 재고를 관리한다. 즉, 기존에는 작업자가 관리하기 편한 장소에 30개를 보관하고 그 재고의 위치는 관리하지 않고 재고의 위치를 작업자의 기억에 의존하여 운영한다. 만일 기억력이 나쁘거나 다른 작업자가 투입되었을 경우에는 어디에 있는지를 확인하지 못하여 작업이 지연되거나 오류를 발생시키는 원인이 된다.

WMS 시스템에서 출고 또는 재고관리가 가장 용이한 주소를 작업자에게 지시하고 그 작업자는 그 위치에 재고를 가져다 놓기만 하면 된다. 결국, WMS 시스템이 재고를 어느 위치에 있는지를 주소 단위로 관리하고 있기 때문에 재고현황 확인은 물론, 재고조사 및 재고차이 원인을 파악하는 데도 장점이 있다.

또한, 특정 작업자의 경험이나 노하우에 의존하지 않고, WMS 시스템에 의해 재고파악이나 작업지시가 이루어지기 때문에 창고환경에 익숙하지 않은 작업자도 바로 투입하여 창고관리 업무에 유연성을 부여 할 수 있는 장점을 확보할 수 있다.

구 분	총량관리	로케이션관리	비고사항
개 요	-주소 부여 없이 임의로 재고보관 -품목수가 적을 경우 유리 -작업자 기억에 의한 위치관리	-주소부여하여 재고 위치 관리 -품목수가 많을 경우 효과적 -시스템에 의한 위치관리 가능	
장 점	-운영이 단순함 -데이터 발생량이 적음	-재고 위치를 정확히 파악 가능 -위치별 재고 변동 이력 관리 가능 -수시로 재고 파악이 쉬움 -초보자 투입 가능	
단 점	-재고 위치 파악이 어려움 -초보자 투입 어려움	-총괄관리에 비해 운영이 다소 복잡 -발생되는 데이터량이 비교적 많음	

[그림 1-7] 총량관리와 로케이션 관리 비교

(2) LOT 관리기반

PL(Product Liability, 제조물책임)법 등으로 인하여 제품을 로트별로 재고를 관리하고 입출고 시 이를 추적해야 하는 제품이나 업무들이 많아지고 있다. WMS 시스템은 생산단위별 또는 유통기한, 일련번호 등으로 재고를 구분하여 로케이션 재고관리를 수행할 수 있다.

WMS 시스템은 동일한 품목이지만 로트 단위로 재고를 구분하여 정밀한 관리가 가능하다. 물론 기존의 ERP 시스템 등에서도 불가능한 것은 아니지만 작업 절차가 복잡하고 어려운 경우가 많기 때문에 일반적으로 적용하지 않는 경우가 많다.

WMS는 로케이션관리와 로트관리를 함으로써 FIFO(선입선출), LIFO(후입선출) 등의 기준으로 입출고 작업을 수행하고 로트별 입출고 이력관리를 통해 재고를 정밀하게 추적할 수 있고 실시간으로 모니터링이 가능하다.

A1	A2	A3	A4
	10 (1/1)	10 (3/1)	5 (2/1)
B1	B2	B3	B4
			5 (5/1)

<총 30개 보관>
-A2 주소에 10개 (1/1일 제조)
-A3 주소에 10개 (3/1일 제조)
-A4 주소에 5개 (2/1일 제조)
-B4 주소에 5개 (5/1일 제조)

※ ( ) 안의 일자는 제조일자이다. 제조일자별로 로트관리 하는 것을 가정함

[그림 1-8] 로트관리 예시

[그림 1-8]과 같이 로트(Lot)별로 재고가 보관되어 있을 경우, 선입선출 (FIFO)로 출고가 진행된다고 가정한다면 [A2], [A4], [A3], [B4]의 로케 이션 순서로 출고 지시가 이루어질 것이며, 출고된 이력은 시스템에서 관리되기 때문에 누구에게 언제 출고되었는지 추적 관리가 가능하다.

(3) 실시간 재고관리

WMS 시스템은 창고에서 일어나는 작업을 바코드 및 모바일 장비, RFID, 물류자동화 장비 등을 활용하여 재고 변동을 실시간으로 반영하 고 현재 창고의 현황을 실시간으로 관리할 수 있다. 실시간 재고관리를 위해 바코드 및 모바일 장비 사용이 대표적이다. 모바일 장비는 무선네 트워크로 접속이 가능한 일종의 이동 가능한 PC이며 바코드는 대형매 장이나 편의점에서 물건을 구매할 때 계산대에서 제품의 바코드를 스 캔하는 주걱 형태의 스캐너 장비를 연상하면 쉽다.

창고에서 근무하는 작업자는 휴대하고 있는 모바일 장비를 통해 작업 지시를 받고, 지시받은 작업을 수행하면서 수행결과를 바코드 스캐닝

등의 입력을 통하여 바로 WMS 시스템에 실시간으로 결과가 반영된다. 이를 통해 WMS 시스템은 실시간 재고정보를 운영 및 유지할 수 있으며 현재의 작업현황, 진척도, 재고현황 등을 관리자나 ERP 등의 관련 시스템으로 인터페이스 되어 실시간 공유가 가능하다.

기존에는 종이 문서를 출력하여 현장 작업자에게 작업을 지시하고, 작업자는 작업결과를 다시 관리자에게 보고하고 관리자는 다시 시스템에 결과를 입력하는 번거로운 과정을 거치다 보니 서류입력 및 처리를 하는 과정에서 오류 발생의 소지와 현장작업자의 작업 실수를 확인 할 수 있는 방법이 미흡하였다. 즉, 기존의 종이 문서에 의한 작업지시와 결과반영을 하는 프로세스를 보다 정확도 높고 및 효율적으로 처리할 수 있는 장점이 있다.

근래에는 좀 더 빠르고 정확한 재고관리 업무를 수행하기 위해 RFID (Radio Frequency identification)를 도입하는 현장이 늘어나고 있다. RFID 는 간단히 버스카드를 연상하면 쉽다. RFID의 가장 큰 특징은 여러 개의 태그(Tag)를 동시에 읽거나 쓰기를 할 수 있고 빠르게 인식시킬 수 있는 장점이 있다.

다. WMS 시스템 도입 효과

WMS 시스템 도입시 다음과 같은 4가지 주요 효과를 기대 할 수 있으며 WMS 시스템의 주요 특징과 일맥상통(脈相通)함을 알 수 있다.

구분	내 용	비고사항
정확도 향상	재고 및 입출고를 정확하고 신속하게 처리 가능	
보관효율 증대	로케이션 관리를 통해 공간 활용도 향상 및 입출고 속도 증대	
작업효율 개선	비숙련(초보자) 인력 팀으로 물류 작업 유연성 증대 작업 이동거리 등 최적화로 비용절감 및 효율성 향상	
분석/개선	물류활동을 실시간으로 파악 가능 데이터 기반 작업 분석을 통한 생산성 향상 기대	

[그림 1-9] WMS 도입 효과

(1) 정확도 향상

WMS 시스템은 로케이션별로 재고관리, 입출고 처리를 하기 때문에 재고의 이상 유무를 확인하기 용이하며, 로케이션 주소와 상품 코드 또는 로트 정보를 실시간으로 시스템과 연동하면서 입출고 처리를 할 수 있다. 또한 언제든지 다양한 재고조사 기법을 통하여 재고를 검증 확인하기 때문에 정확도를 획기적으로 향상시킬 수 있다.

재고 또는 입출고 시 문제가 발생된 경우에는 시스템을 통해 특정 재고나 로트를 어떤 작업자가 언제 작업을 수행하였는지, 재고를 어느 로케이션으로 누가, 언제 이동하였는지 등의 입출고 이력을 손쉽게 확인할 수 있다. 이 정보를 기반으로 하여 오류 원인 분석은 물론, 향후 데이터를 분석하여 생산성 분석 및 개선 활동 등 다양하게 활용될 수 있다.

(2) 보관 효율 증대

재고 입고 시 제품의 크기, 중량, 제품의 최근 출고량, 유사한 제품의 위치 등을 감안하여 최적의 위치를 시스템이 자동으로 선정하여 작업자에게 지시할 수 있다.

보관된 제품들도 창고가 효율적으로 운영될 수 있도록 수시로 최적 위치로 이동 보관될 수 있도록 작업지시를 수행할 수 있다. 보관된 제품의 회전율이 저조한 제품들은 별도로 보고서를 만들어 창고 관리자에게 제공하고 재고 처리를 위한 방안을 수립하는 등의 다양한 재고 효율화 방법을 제공한다.

이를 통해 제한된 창고 공간 활용도를 향상 시킬 수 있으며 제품의 최적의 상태로 보관 관리 될 수 있도록 돕는다.

(3) 작업 효율화

WMS 도입 이전에는 재고관리 및 입출고를 소수의 고정된 작업자에 의존하여 진행 할 수 밖에 없었다. 그러나 WMS 시스템 환경 하에서는 입출고 작업을 로케이션 기반에 의해 모든 작업지시가 일어나기 때문에 급격한 영업환경 변화로 물동량 폭주하더라도 초보자를 간단한 교육만으로 현장에 투입하여 작업을 수행할 수 있다.

작업 물동량에 따라 작업자를 파트타이머를 투입하는 등의 작업 인력에 대한 유연성을 증대시킬 수 있다. 또한, 로케이션 관리를 기반으로 다양한 출고 방법을 선택할 수 있어 이동거리를 최소화할 수 있는 효율적인 작업을 진행할 수 있다.

(4) 작업 분석 및 개선 용이

WMS 시스템은 작업자들의 물류활동을 실시간으로 기록, 보관, 관리할 수 있다. 이력 정보를 활용하여 시간대별 입/출고 현황, 재고수준, 작업자별 작업현황, 작업자별 작업량, 오류율, 오류사유 등에 다양한 형태의 데이터를 분석할 수 있다.

물류활동 단위에 대한 물류원가를 산출 관리하거나, 물류 활동별로 생산성 지표를 개발하여 관리 할 수 있다. 관리자는 이 자료를 판단하여 물류현상 파악 및 개선 활용에 활용하여 비용절감 및 효율향상, 물류서비스 향상을 기대할 수 있다.

CHAPTER
02

WMS 주요 프로세스

WMS 주요 프로세스

01 로케이션과 존

WMS는 통상 "로케이션(Location)"이라 칭하는 주소 체계를 기반으로 재고를 보관한다. 로케이션을 셀(Cell), 빈(Bin), 주소(Address) 등의 용어로 부르기도 한다.

각 창고의 환경이나 제품 특성 등을 고려하여 로케이션 주소 체계를 구성된다. 로케이션들은 다시 업무 특성별로 로케이션을 묶어서 존(Zone)을 구성한다.

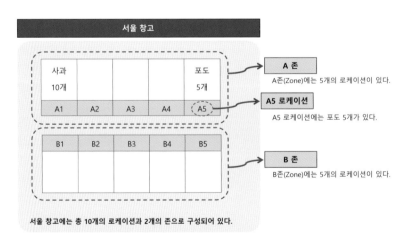

[그림 2-1] 로케이션과 존 구성 예시

존(Zone)은 구역(Area), 섹션(Section) 등의 용어로도 불린다. 이 책에서는 로케이션과 존을 표준 용어로 사용하여 설명한다.

WMS 시스템에서는 입출고 등의 업무를 위해 "입고", "보관", "피킹", "출고" 등의 존(Zone)을 구성하는 경우가 많으며 경우에 따라 유통가공이나 크로스도킹 등의 작업을 위한 "작업", "분배" 등의 존을 부가적으로 설정하여 운영한다. 이 외에도 관리자가 상황에 맞게 새로운 존(Zone)을 설정하여 운영할 수 있다.

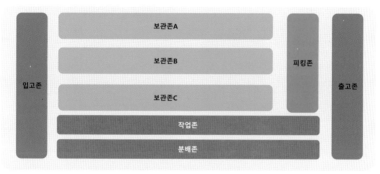

- 입고존 : 입고된 재고를 보관존으로 이동하기 전에 임시적으로 보관 되는 장소
- 보관존 : 재고를 실제 보관 하는 장소로서 창고 상황에 따라 여러 개의 보관존으로 구분하여 운영할 수 있다.
- 피킹존 : 피킹 작업을 수행하기 위한 별도의 공간으로 보관존에서 바로 피킹이 어려울 경우에 운영할 수 있다.
- 출고존 : 피킹 완료된 재고가 고객(차량)에 최종 인도 되기 전에 대기 하는 공간이다.
- 작업존 : 라벨링, 조립, 해체 등의 유통 가공을 위해 대기 또는 작업 중인 공간이다.
- 분배존 : 크로스도킹(Cross Docking) 물동량이 대기 또는 작업중인 공간
  크로스도킹은 입고와 동시에 출고되는 개념을 말한다.

[그림 2-2] WMS 주요 존(Zone) 운영 예시

입고 및 출고 존은 차량의 진입과 상하차가 용이하도록 설계되고 보관 존은 재고를 보관하거나 입출고 작업 효율을 높일 수 있도록 다양한 설비 등을 활용하여 구성한다.

보관존(플로어랙) 보관존(자동창고)

입출고존 보관존(파레트랙)

[그림 2-3] 창고 현장 예시

WMS는 공급처에서 재고를 공급받아서 최종 출고처에 배송하기 위해 입고, 출고, 재고관리 등 주요 프로세스 모두 로케이션에서 로케이션으로 재고의 이동 흐름을 관리하면서 업무가 처리된다.

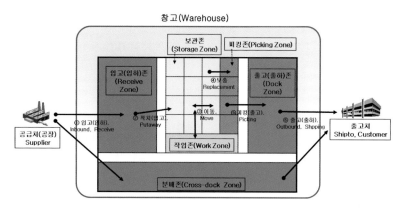

[그림 2-4] WMS 프로세스 주요 프로세스

가. 입고(Inbound, Receive)

입고는 공급처(공장)에서 창고(물류창고)에 상품이 도착하고 이를 검수하여 재고를 영구적으로 인수하는 단계이다. 입고는 다른 말로 "입하"라는 용어로도 불린다.

입고가 완료되면 WMS에서 관리 해야 할 재고가 증가(+)된다. 하지만, 보관존(Storage Zone)으로 바로 재고가 이동되지 않고 품질 검사 등을 위해 임시 영역인 입고존(Receive Zone)에 재고가 이동된다. 아직 임시 영역인 입고존에 재고가 존재하고 있기 때문에 바로 출고 가능한 상태가 아니라고 판단되어 가용재고(현재 출고가능한 재고수량)에는 일반적으로 제외 된다.

예를 들어, A상품이 2023년 10월 1일에 B 공급업체로부터 100개가 입고되었다면 "입고 존의 특정 입고 로케이션 하나에 A상품의 재고가 새롭게 생성되었다"라고 WMS에서 처리 된다. 이 100개의 재고는 아직 임시적인 장소에 보관되어 있기 때문에 가용재고로 사용되지는 못한다.

나. 적치(Putaway)

적치(Putaway)는 입고 완료되어 입고 존에 임시 보관 중인 재고를 이동할 최적의 보관 로케이션을 선정하고 이동하는 과정이다. 적치는 "격납"이라는 용어로도 불린다. 최적의 보관 로케이션을 선정하기 위해 제품의 카테고리, 중량이나 체적정보, 출고추이, 기존 보관 되어 있는 재고 현황 등의 정보를 종합적으로 분석하여 가장 최적의 로케이션을 지정하여 작업자에게 전달한다.

최근에는 보다 효율성 높은 적치 작업 수행을 위해 창고에서 발생된 빅데이터를 분석 활용하거나 인공지능(AI) 등을 적극적으로 도입 활용하는 추세이다.

작업자는 무선 모바일 장비 등을 통해 적치지시 내역을 전달받고 해당 재고를 실제로 보관 로케이션으로 이동시킨 후 결과를 시스템에 전송하면 적치 작업이 마무리된다.

다. 재고이동(Move)

재고이동(Move)는 로케이션에 보관되어 있는 재고를 다른 로케이션으로 옮기는 작업을 말한다. 주로 창고의 효율성을 고려하여 창고의 최적화 관점에서 미리 재고를 이동해야 할 경우에 많이 행해진다.

이동작업은 적치 작업과 마찬가지로 2단계로 작업이 완성된다.

1단계 : 이동지시 생성
- WMS 시스템이 창고 작업 효율을 위해 로케이션 이동 지시
- 관리자가 관리를 위해 로케이션 이동 작업 지시

2단계 : 이동지시 확정
- 지시된 내역을 작업자에게 유무선으로 전달한다.
- 작업자는 이동 지시에 따라 실재고를 이동한다.
- 작업 결과를 시스템에 입력 완료 처리한다.

라. 재고보충(Replacement)

공급처로부터 입고된 재고는 적치(Putaway)를 거쳐 WMS 재고관리가 용이 하도록 로케이션 단위로 분할되어 재고가 관리된다. "파레트랙"이

라는 아파트처럼 위로 층을 이루어 보관하는 것이 일반적이다.

입고나 적치작업을 할 때는 지게차(포크리프트)를 이용해서 높은 층의 랙에 재고를 옮길 수 있지만 출고의 경우에는 다품종 소량으로 빈번하게 출고가 이루어지기 때문에 지게차보다는 인력에 의존하는 경우가 더 많다.

많은 사람이 동시에 출고 작업을 하는 경우에는 지게차를 이용하기 어려운 경우가 많고 지게차로 높은 층의 재고를 출고 하기 위해서는 작업 시간이 오래 걸리는 문제가 발생된다.

이러한 문제를 보완 하기 위해 보관 존과 피킹 존을 구분하고 보관 존은 보관기능을 전담하고 피킹 존은 인력 또는 물류장비가 접근하기 쉬운 장소, 즉 1단(층) 또는 작업자의 손이 닿는 로케이션을 지정하여 운영함으로써 문제를 해결할 수 있다.

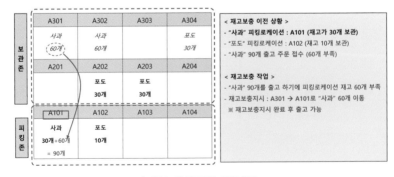

[그림 2-5] 재고보충 작업 예시

이로 인해 출고(피킹)하여야 할 물량을 사전에 보관 존에서 피킹 존으로 이동하는 작업을 해야 하는데 이를 보충(Replacement)이라고 한다. 재고 보충은 출고 지시된 물량만큼만 사전에 보충 지시를 할 수도 있고, 시스템에 의해 예측된 물량을 미리 보충 처리할 수도 있다.

마. 할당(Allocation)

할당은 "출고지시"라는 용어로도 많이 불린다. 할당은 출고해야 할 주문 물량이 어느 로케이션에서 출고해야 하는지 미리 예약을 걸어두는 작업으로 이해하면 쉽다.

각 제품별로 사전에 지정한 피킹 로케이션을 운영하지 않고, 해당 재고가 보관된 모든 로케이션에서 직접 출고가 가능한 "프리로케이션" 출고 방식으로 운영하는 창고에서는 여러 건의 출고 작업과 다수의 작업자가 동시에 피킹(출고)작업을 수행 할 경우 미리 할당(예약)을 걸어 두지 않

A301	A302	A303	A304
사과 60개 할당: →30 잔량: 60→30	사과 60개 할당: 0 잔량: 60		포도 30개 할당: 0 잔량: 30
A201	**A202**	**A203**	**A204**
	포도 30개 할당: 0 잔량: 30	포도 30개 할당: 0 잔량: 30	
A101	**A102**	**A103**	**A104**
사과 30개 할당: 0→ 30 잔량:30→ 0	포도 10개		

※ 해당 창고는 전체 가용 로케이션에서 바로 출고 가능함
(피킹로케이션을 운영 하지 않는 창고임)

< 출고 오더 접수 >
-주문1 : "사과" 10개 주문
-주문2 : "사과" 30개 주문
-주문3 : "사과" 20개 주문

< 할당(출고지시) >
-주문1 : A101 로케이션 10개 할당 (A101잔량 20개)
-주문2 : A101 로케이션 20개 할당 (A101잔량 0개)
　　　　 A301 로케이션 10개 할당 (A301잔량 50개)
-주문3 : A301 로케이션 20개 할당 (A301잔량 30개)

※ A101로케이션 잔량이 0이기 때문에 더 이상 할당 불가
　 A301로케이션 잔량이 30이기 때문에 30만 할당 가능

[그림 2-6] 할당(출고지시) 처리 예시

으면 작업 후 로케이션별로 남아있는 재고가 몇 개가 있는지 확인이 어려워 작업자들이 어디서 출고해야 하는지 알 수 없어 혼선이나 작업 비효율이 발생 될 수 있다.

할당작업은 오더별로 어느 로케이션에서 몇 개를 출고해야 하는지를 사전에 예약(찜)을 함으로써 작업 혼선을 예방한다. WMS 특성상 동일 제품을 다수의 로케이션으로 분산하여 보관하기 때문에 반드시 필요한 기능이다.

바. 피킹(Picking)

피킹(Picking)은 위에서 할당(출고지시)를 기반으로 작업자들이 출고 대기장으로 재고를 실제로 이동하는 것을 말한다. 피킹을 위한 작업 지시는 별도 피킹 지시서를 출력하거나 모바일 장비 등으로 작업자에게 어디 로케이션에서 몇 개의 재고를 어디로 옮기라는 지시 사항을 전달한다.

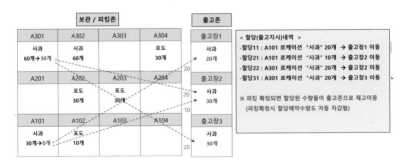

[그림 2-7] 피킹 작업 예시

사. 출고(Shipping, Outbound)

출고(Shipping)은 피킹 완료된 재고를 출고처 또는 고객에게 직접 전달하거나 배송 차량에 상차하고 최종적으로 재고를 인수인계하는 단계이며 WMS의 출고 존에 있는 재고들이 차감(-)된다. 출고 시에는 고객과 상호 인수인계를 증빙하는 출고전표(거래명세서, 송장)을 출력하고 사인 함으로써 상호 증빙 자료로 활용한다.

아. 재고관리

WMS 시스템의 재고를 관리하다 다음과 같은 다양한 사유들로 인해 재고보류, 등급변경, 로트변경, 재고조정 등의 재고관리 업무를 수행한다.

- 제품이 파손되는 경우
- 제품을 잘못 입고 받거나 분실된 경우
- 유통기한이 경과되는 경우
- 재고의 유통기한이나 로트번호 등의 착오가 발생한 경우
- 제품을 생산하면서 문제가 발생되어 리콜이 발생된 경우 등

구분	내 용	비고사항
재고보류	로케이션 또는 특정 제품이 "출고"되거나 "이동"하지 못하도록 설정	
등급변경	재고의 관리상태를 변경함 (예: 정상재고 → 불량재고)	
로트변경	재고의 유통기한, 생산로트 등을 실물과 일치 하도록 변경 처리	
재고조정	재고의 과부족 또는 분실, 파손 등으로 재고수량을 조정 처리	

[그림 2-8] 재고관리 주요 기능

자. 부가서비스

점차 물류업무가 글로벌화되고 B2B 위주의 업무에서 B2C로 다양화되면서 여러 가지 다양한 유통가공 등의 부가서비스를 제공하고 있다. 물류 관련 업무 외에도 주문을 받거나 고객의 문의사항, AS 등을 대행하고 수금 업무 등 점차 그 영역을 넓히고 있다.

구분	내 용	비고사항
조립	여러 제품을 하나로 묶거나 조립하여 새로운 재고로 생성	
해체	하나의 제품을 분해를 통해 여러 제품의 재고로 생성 처리	
포장/라벨링	제품에 라벨링 하거나 고객이 원하는 형태로 포장 작업	
주문접수	고객사(화주)를 대신하여 주문을 접수 받는다.	
콜센터	고객의 문의사항, AS 접수 등을 대행하고 관리한다.	
수금관리	물류업무 외에 대금을 수납하거나 청구 하는 작업을 수행	

[그림 2-9] 부가서비스 주요 기능

차. 재고조사

창고에서 관리되고 있는 실물 재고와 WMS 시스템과의 재고가 분실, 도난, 파손, 오류 등으로 차이가 발생되었는지를 효과적으로 확인하여 정확한 재고관리를 돕는다.

구분	내 용	비고사항
전수재고조사	창고내 전체 재고를 일시에 조사한다 일반적으로 조사하는 동안 입출고 작업이 중지 된다.	
사이클카운팅	최근 출고된 로케이션 또는 제품, 고가품 등 중요도나 빈도가 높은 재고를 선별적으로 재고 조사를 수행한다. 입출고 하는 동안에도 중단없이 재고조사 할 수 있다.	

[그림 2-10] 재고조사 주요 기능

전수재고 조사보다는 최근 출고분, 중요한 제품 위주 등이 더 효과적이다.

카. 크로스도킹(Cross Docking)

크로스도킹(Cross Docking)은 창고에 미리 일정 수준의 재고를 보유하지 않고 출고하는 방식을 말한다.

출고해야 할 물량 만큼을 공장(공급사)에 당일 바로 입고 받아 적치 등의 재고관리를 거치지 않고 바로 출고 처리한다. 그만큼 재고비용을 절감할 수 있고 창고의 재고관리 업무를 최소화할 수 있는 장점이 있다.

크로스도킹 방식	내 용	비고사항
Trans shipment	사전에 출고처별로 분류되어 입고되어 분류 작업 없이 바로 출고 처리	
Flow-thru	총량으로 입고되어 별도 분류장에서 출고처별 분류 후 출고 처리	
Merge-in-transit	창고에 일정 수준의 재고를 보유해 놓고 부족분만 입고 후 출고 처리	

[그림 2-11] 크로스도킹 주요 유형

기준정보

CHAPTER
03

기준정보

01 기준정보 개요

기준정보는 말 그대로 시스템에 있어서 기준이 되는 데이터이다. 보통 기준정보는 다른 업무들에 비해 비교적 구조가 단순하기 때문에 보통 초급 개발자나 담당자들이 담당하는 경우가 많고 기준정보를 그리 중요하게 여기지 않는 경우가 많지만, 실제로는 WMS 시스템의 유연성, 확장성, 완성도 등 전반적인 체계와 성능에 매우 큰 영향을 미치는 영역이다. 따라서 기준정보 영역은 반드시 핵심 설계자, 개발자 및 담당자의 설계와 참여, 운영이 필수적인 영역이다.

고객사(화주)를 하나만 관리 할 수 있도록 기준정보가 설계된 WMS시스템에서 새로운 고객사(화주)를 하나 더 서비스 해야 한다면, WMS를 새롭게 하나 더 구성하거나 아예 새로운 WMS 시스템을 구축 해야 할지도 모른다.

예를 들어 "A"기업에서 50,000종의 제품을 생산 및 판매하는 회사인데, "제품" 기준정보로 제품코드와 제품명만 관리한다고 가정해 보자.

어느 날 중량별 출고량을 분석해야 한다면 어려움을 겪을 수 밖에 없다. 제품 기준정보로 중량을 관리하고 있지 않기 때문에 분석 자체가 불가능하다. 결국, 50,000개의 제품에 대해 일일이 중량을 확인하여 제품 기준정보를 정비한 후에야 비로소 중량별 출고량 보고서를 작성할 수 있었을 것이다.

기준정보는 새로이 시스템을 구축하는 단계부터 어떠한 기준정보를 운영하고 각 기준정보에 어떠한 항목을 어떤 구조로 생성하여 운영할 것인지 충분한 검토와 검증을 거쳐서 개발해야 한다.

또한, 기준정보는 정확성이 생명이다. 제아무리 확장성 있고 유연한 기준정보 체계를 갖추어 놓았다고 하더라도 기준정보 데이터가 정확 하지 않다면 무용지물이다. 정확한 기준정보가 유지 관리 될 수 있도록 생성부터 폐기에 이르기까지의 과정에 대한 관리체계를 잘 정립 해야 한다.

WMS 시스템은 재고를 보관 관리하기 위한 주체인 "창고", 재고를 입고 받거나 출고해야할 대상인 "거래처" 그리고 창고에 보관되는 "제품"과 관련된 기준정보를 기반으로 운영된다.

창고	거래처	제품
창고(Warehouse)	고객사	제품
존 (Zone)	입고처	제품그룹
로케이션 (Location)	출고처	
	운송사	

[그림 3-1] 기준정보 주요 구성

WMS는 하나의 창고를 로케이션(Location)라는 개념으로 공간을 쪼개어 주소를 지정하고 재고를 보다 상세하게 구분 관리하는 것이 ERP 시스템과 가장 큰 차이점이라 할 수 있다. 로케이션은 용도에 맞게 존(Zone)으로 묶어서 관리할 수 있다.

아파트를 예로 들어 설명해 보자. "1단지 101동 201호"가 있다고 하자. "1단지"에는 111동, 112동, 113동 등의 하나 이상의 "동"으로 이루어져 있다. 다시 하나의 "동"은 101호, 102호 등의 여러 "호"로 일반적으로 구성되어 있다.

창고(Warehouse)를 "단지", 존(Zone)을 "동", 로케이션(Location)을 "호"의 개념으로 생각하면 좀 더 쉽게 이해된다. 존(Zone)은 여러 로케이션을 활용 용도에 따라 그룹으로 묶어서 관리하기 위한 용도로 활용된다.

[그림 3-2] 창고관련 기준정보 구성 예시

가. 창고(Warehouse)

창고(W/H)는 기준정보의 최상위에 개념이다. WMS 시스템에서는 보통 여러 개의 창고를 관리 할 수 있다. 하나의 창고에는 다시 여러 개의 존(Zone)과 여러 개의 로케이션(Location)으로 구성된다.

창고관련 기준정보에는 창고의 이름, 크기, 형태, 주소 등의 기본적인 항목과 입고, 출고, 반품 등을 위해 기본적으로 작업이 이루어지는 로케이션 코드 등의 데이터들을 관리한다.

창고 코드	창고명	지역	전화번호	주소	입고 로케이션	출고 로케이션	반품 로케이션	등록일자	수정일시
WH1	서울창고	서울	02-312-1123	서울 서초 양재	LOC91	LOC92	LOC99	2023-10-01	2023-10-02
WH2	대전창고	대전	041-332-1123	대전 서구 둔산	LOC81	LOC82	LOC89	2023-08-01	2023-08-01
WH3	부산창고	부산	051-421-6412	부산 동래 안락	LOC91	LOC92	LOC99	2023-09-02	2023-09-05

[그림 3-3] 창고 기준정보 구성 예시

나. 로케이션(Location)

WMS 시스템에서는 "[서울창고]에 [제품1]을 100개 보관한다"는 될 수 없다. 왜냐하면 WMS에서는 반드시 로케이션 코드가 반드시 필요하기 때문이다. "[서울창고]에 [제품1]을 [로케이션101]에 50개, [로케이션102]에 50개 각각 보관한다"가 정확한 표현이다. 여기서 [로케이션101], [로케이션102]가 "로케이션 코드"이다.

로케이션(Location)은 재고가 보관되거나 이동되는 위치이다. 로케이션은 시스템에 따라 "로케이션", "LOC", "CELL", "BIN", "저장위치" 등의 용어로도 불린다.

하나의 창고에서는 로케이션 코드는 유일하고 고유한 값을 가진다. 만약, 창고코드가 다르다면 같은 이름의 로케이션 코드를 사용할 수 있다. "서울의 중동 101번지"가 있다면 "부산의 중동 101번지"가 있는 것과 같은 상황이다.

로케이션에는 로케이션 명, 유형, 존(구역, Zone) 코드, 단수(층), 할당 여부, 이동 가능 여부, 혼재 여부, 최대 높이, 중량, 체적 등의 항목들이 일반적으로 관리된다.

- 유형 : 로케이션의 주요 용도 (예 : 보관, 입고, 출고, 반품, 유통가공 등)
- 존(구역, Zone) : 통로나 용도 등으로 여러 개의 로케이션을 묶어서 관리할 때 부여한다.
- 단수(층) : 해당 로케이션이 랙이나 층의 위치를 관리한다. (예 : 1단, 2단, 3단에 위치)
- 할당 여부 : 출고 가능한 재고 인지를 관리한다. (할당 가능한 재고만 가용재고에 포함)
- 이동 가능 여부 : 해당 재고가 다른 로케이션으로 이동 가능한지 여부를 관리
- 혼재 여부 : 다른 제품이나 로트와 혼합하여 보관 가능한지를 관리
- 적재 높이, 중량, 체적 : 해당 로케이션이 최대한 보관 가능한 높이나 중량, 체적

창고코드	LOC 코드	로케이션명	유형	존(Zone)	단수 (층)	할당여부	이동가능 여부	혼재여부	최대높이
WH1	LOC101	LOC-101	보관	1구역	1	Y	Y	Y	1800
WH1	LOC102	LOC-102	보관	1구역	2	Y	Y	N	1800
WH1	LOC801	LOC-801	출고장	8구역	1	N	N	Y	9000
WH2	LOC101	LOC-101	보관	1구역	1	Y	Y	Y	1800
WH2	LOC801	LOC-801	출고장	8구역	1	N	N	Y	9000

※ LOC101, LOC801은 창고코드가 다르면 각각 존재할 수 있다. (로케이션코드는 창고별 관리)

[그림 3-4] 로케이션 기준정보 구성 예시

[그림 3-5] 로케이션 창고내 부착 예시

다. 존(Zone)

존(Zone) 코드는 "구역", "지역", "섹터" 등의 용어로도 불리며 로케이션 코드의 상위 개념이다. 구성 상 "로케이션"보다 먼저 설명을 해야 하겠지만 독자의 이해를 돕기 위해 로케이션을 먼저 설명하였다.

로케이션코드는 창고 내에서 재고의 실제적인 위치를 관리하기 위한 코드라면, "존 코드"는 특정 구역을 지정하거나 관리하는 데 필요한 코드로서 개념적인 성격이 강하다.

존 코드를 미리 등록한 후 각각의 로케이션 코드를 등록할 때 존 코드를 입력하는 경우가 많다. 보통 로케이션 코드는 1개의 존 코드를 가질 수 있는 것이 일반적이다. 보통, 존 코드의 이름, 담당자, 우선순위 등 구역의 특징이나 운영에 필요한 항목들을 선정하여 관리한다.

창고코드	존코드 (Zone)	존명칭	담당자	출고우선순위	등록일자	수정일자
WH1	1	1구역	김정필	1	2023-01-01	2023-01-01
WH1	2	2구역	황성진	2	2023-01-01	2023-01-01
WH1	8	8구역	이태진	9	2023-01-01	2023-02-05
WH2	1	01구역	오현식	1	2023-01-01	2023-01-01
WH2	8	08구역	정미경	9	2023-01-01	2023-01-01

※ 로케이션코드와 마찬가지로 존코드도 창고별로 관리된다. (존코드 1, 8이 창고별로 중복 존재 가능)

[그림 3-6] 존(Zone)코드 기준정보 구성 예시

03 거래처관련 기준정보

거래처 관련 기준정보는 WMS에 재고의 입출고를 일으키는 주체들을 정의하고 관리하기 위한 목적의 코드들이다. 예를 들어 [A회사]가 [B공장]에서 [C창고]로 [D제품] 100개를 입고하였다.

이 재고 중 50개를 [E업체]에 [F운수]의 [G차량]을 통해 출고 하였다면 거래처 기준정보는 다음과 같이 구성할 수 있다. 거래처 관련 기준정보들은 창고코드와 상관없이 전체 시스템에서 공통적으로 사용되는 것이 일반적이다.

- 고객사 : A회사 (D제품의 소유 회사)
- 입고처 : B공장 (재고를 입고 받는 상대방 주체)
- 출고처 : E업체 (재고를 출고하는 상대방 주체)
- 운송사 : F운수 (배송을 위한 위탁 운송 회사)
- 차량 : G차량 (실제 D제품 50개를 E업체에 운송한 차량)

가. 고객사

고객사는 "재고의 주인(소유주)"라고 생각 하면 쉽다. "화주", 하주" 등의 용어로도 불린다. 과거에는 하나의 고객사만을 대상으로 WMS를 구축

고객사 코드	고객명	사업번호	대표자	주소	업태	종목	담당자	연락처	비고사항
6000	서울물산	123-12-11234	홍석현	서울 마포구	제조	정밀기기	이진수	02-311-1234	
7000	부산실업	332-22-13113	이명식	부산 동래구	제조	생활용품	이수진	051-221-1112	

[그림 3-7] 고객사 기준정보 구성 예시

하는 경우도 있었지만, 최근에는 다수의 고객사(화주)를 대상으로 서비스하는 경우가 일반적이다.

고객사에서 필수적으로 관리하는 항목들은 고객의 기본적인 주소, 사업번호, 대표자, 주소 등의 정보 외에도 결제나 청구를 위한 정보 등 다양한 정보를 관리하기도 한다.

나. 입고처

재고 입고 시 입고 물량이 출고된 위치 또는 주체를 의미한다. 보통, "입고처", "공급처", "상대출고처" 등으로 불린다. "입고처"는 재고를 생성하기 위한 입고 관련 업무 시에 필수적으로 필요한 기준정보이다.

<< 고객사와 입고처 조합 KEY 운영 >>

고객사코드	입고처코드	입고처명	사업번호	주소	담당자	연락처	비고사항
6000	A100	이천공장	323-22-21234	경기 이천시	김명진	031-311-1234	
6000	A200	부산공장	323-22-21234	부산시 사하구	이승리	051-641-2385	
7000	A100	여수공장	412-72-33119	전남 여수시	서진수	061-221-1112	
7000	A900	부산공장	412-72-33119	부산 동래구	김이진	051-445-3648	

※ 고객사와 입고처의 조합으로 중복 문제를 해결 함 ("A100" 중복 해결)

<< WMS 입고처코드 추가 >>

WMS 입고처 코드	고객사 코드	입고처코드	입고처명	사업번호	주소	담당자	연락처	비고사항
10001	6000	A100	이천공장	323-22-21234	경기 이천시	김명진	031-311-1234	
10002	6000	A200	부산공장	323-22-21234	부산시 사하구	이승리	051-641-2385	
10003	7000	A100	여수공장	412-72-33119	전남 여수시	서진수	061-221-1112	
10004	7000	A900	부산공장	412-72-33119	부산 동래구	김이진	051-445-3648	

※ 별도의 WMS 전용 입고처코드를 추가 ("A100" 중복 해결)

[그림 3-8] 입고처 기준정보 설정 예시

WMS에서 여러 고객사(화주)를 동시에 관리할 경우 고객사는 다르지만 입고처 코드가 동일한 경우가 발생되기도 한다. 입고처코드는 동일하지만 실제로는 완전히 다른 입고처다. (예 : 고객사 [6000]이 운영하는 입고처 코드 [A100] 삼성공장, 고객사[7000]이 운영하는 입고처 코드[A100] LG공장)

WMS는 이러한 상황에서 고객사 코드와 입고처 코드를 조합하여 KEY를 구성할 수도 있고, WMS에서 별도의 입고처 코드를 부여하여 구분 관리할 수도 있다.

다. 출고처

출고처는 재고가 배송, 납품되는 최종 위치 또는 주체를 의미한다. "배송처", "목적지", "도착처", "인도처" 등의 다양한 용어로 사용되기도 한다. "출고처"는 출고 오더 등록 등의 업무에서 필수적으로 사용되는 기준정보이다.

입고처와 마찬가지로 여러 고객사의 물류 업무를 수행할 경우 고객사의 출고처 코드가 동일해서 문제가 되는 경우가 있다. (예 : 고객사 코드 [6000] 과 [7000]의 출고처 코드의 [B100]로 동일한 경우) 고객사 코드와 출고처 코드의 조합으로 구분하거나 별도의 WMS 자체 출고처 코드를 생성하여 문제를 해결할 수 있다.

<< 고객사와 출고처 조합 KEY 운영 >>

고객사코드	출고처코드	출고처명	사업번호	주소	담당자	연락처	비고사항
6000	B100	이천상사	523-22-21234	경기 이천시	김명진	031-311-1234	
6000	B200	부산상사	523-22-21234	부산시 사하구	이승리	051-641-2385	
7000	B100	여수상사	612-72-33119	전남 여수시	서진수	061-221-1112	
7000	B500	부산상사	612-72-33119	부산 동래구	김이진	051-445-3648	

※ 고객사와 출고처의 조합으로 중복 문제를 해결 함 ("B100" 중복 해결)

<< WMS 출고처코드 추가 >>

WMS 출고처 코드	고객사 코드	출고처코드	출고처명	사업번호	주소	담당자	연락처	비고사항
50001	6000	B100	이천상사	523-22-21234	경기 이천시	김명진	031-311-1234	
50002	6000	B200	부산상사	523-22-21234	부산시 사하구	이승리	051-641-2385	
50003	7000	B100	여수상사	612-72-33119	전남 여수시	서진수	061-221-1112	
50004	7000	B500	부산상사	612-72-33119	부산 동래구	김이진	051-445-3648	

※ 별도의 WMS 전용 출고처코드를 추가 ("B100" 중복 해결)

[그림 3-9] 출고처 기준정보 설정 예시

라. 운송사

일반적으로 재고의 입출고 시 차량이 투입되는 경우가 많은데 그 차량의 소속사인 "운송사"를 등록 관리한다.

향후 운송 결과에 대한 운송비 정산이나 운송사별 서비스 지표 분석 등의 업무를 할 때 기준이 되는 코드이다.

운송사코드	운송사명	사업번호	대표자	업태	종목	주소	등록일자	수정일자
SP01	미래운수	753-13-23453	김정필	운수	육상운송	서울 서초구	2023-01-01	2023-01-01
SP02	전진운수	231-22-44778	황성진	운수	육상,해상운송	서울 서대문구	2023-01-01	2023-01-01

[그림 3-10] 운송사 기준정보 구성 예시

마. 차량

차량 기준정보는 재고를 입고 또는 출고 시에 투입되는 차량에 관련된 정보를 관리한다. 차량 기준정보에는 우리가 앞에서 본 [운송사] 코드를 입력하여 해당 차량이 어느 운송사 소속인지를 관리할 수 있다.

차량 기준정보에는 차량의 유형, 적재 톤수, 기준연비, 탑차 유무 등의 배차나 분석을 위한 항목들을 관리 할 수 있다.

차량코드	차량명	운송사코드	운전자명	연락처	유형	톤수	기준연비	비고사항
6701	02마6701	SP01	김정식	010-211-1112	냉장	5	5.5	
7308	09오7308	SP02	김명진	010-554-9119	일반	11	7.0	

※ 6701 차량은 SP01 미래운수 소속, 7308 차량은 SP02 전진운수 소속 차량이다.

[그림 3-11] 차량 기준정보 구성 예시

04 제품관련 기준정보

제품 기준정보는 WMS에서 재고관리의 대상을 말한다. 재고를 입고 또는 출고, 재고관리 등을 위해서는 반드시 제품코드를 미리 등록해야 한다. 제품 기준정보는 "상품", "아이템" 등의 용어로 불리기도 한다.

제품관련 기준정보는 제품의 형태, 구성 등의 취급방법, 유통기한이나 로트관리, 일련번호 코드의 관리 방법 등 입출고 관련 업무 프로세스나 처리 기준에 따라 제품 기준정보의 구조나 형태가 달라질 수 있다.

고객사 코드 [6000]과 [7000]의 제품코드가 [20001]로 동일한 경우와 같이 여러 고객사가 동일한 제품코드를 보유하고 있어 재고를 구분 관리하는데 문제가 발생 될 수 있다. WMS는 고객사 코드와 제품코드를 조합하여 중복되는 문제를 해결하거나 별도 WMS 자체 제품코드를 생성하여 관리하는 방법으로 해결할 수 있다.

<< 고객사와 제품코드 조합 KEY 운영 >>

고객사코드	제품코드	제품명	단위	박스입수	바코드	중량	유통기한	비고사항
6000	20001	사과	EA	10	8801111666666	0.2	15일	
6000	20002	포도	EA	15	88011116666677	0.1	15일	
7000	20001	초코파이	EA	30	8802222111112	0.1	1년	
7000	30002	땅콩과자	EA	25	88022221111133	0.1	1년	

※ 고객사와 제품코드의 조합으로 중복 문제를 해결 함 ("20001" 중복 해결)

<< WMS 자체 제품코드 추가 >>

WMS 제품코드	고객사코드	제품코드	제품명	단위	박스입수	바코드	중량	유통기한	비고사항
80001	6000	20001	사과	EA	10	8801111666666	0.2	15일	
80002	6000	20002	포도	EA	15	88011116666677	0.1	15일	
80003	7000	20001	초코파이	EA	30	8802222111112	0.1	1년	
80004	7000	30002	땅콩과자	EA	25	88022221111133	0.1	1년	

※ 별도의 WMS 자체 제품코드를 추가 ("20001" 중복 해결)

[그림 3-12] 제품 기준정보 구성 예시

WMS에서 여러 개의 창고를 운영하는 경우에는 제품의 기본적인 관리 항목 외에 창고별로 특화된 기준정보 항목들을 관리 해야 하는 경우가 있다. 창고별로 제품의 적정재고, 기본 보관위치, 창고의 재고관리 기준 등이 이에 해당한다.

고객사코드	제품코드	창고코드	적정재고수량	발주후 납기일자	기본보관 로케이션	재고관리 기준	재고 담당자	비고사항
6000	20001	WH1	100	3	A1-01-01	총량관리	김경일	
6000	20001	WH2	150	2	B3-03-01	로트관리	이상순	
6000	20002	WH1	120	5	B1-02-01	로트관리	김지명	
6000	20002	WH2	130	3	B2-03-01	로트관리	김지명	

※ "20001" 제품을 기준으로 "WH1" 창고의 적정재고 수량은 100개, 재고는 "총량"으로 관리한다.
　　"WH2" 창고의 적정재고 수량은 150개, 재고는 "로트단위"로 관리한다.

[그림 3-13] 창고별 제품코드 기준정보 구성 예시

05 코드의 효율적인 설계와 운영

기준정보는 시스템의 근간을 이루는 중요한 정보이다. 그 중에서 기준정보 코드의 자릿수, 구성, 체계 등을 어떻게 하느냐에 따라 시스템의 효율성이나 사용자들의 생산성 등을 좌우한다. 여기에서는 기준정보 코드를 생성할 때 중요한 몇 가지 원칙에 대해 설명 하고자 한다.

가. 간결성

기준정보 코드를 만들 때 코드의 구조가 너무 복잡하거나 자릿수가 너무 길어서 사용자가 인식하는데 어려우면 그만큼 효율성이 떨어진다. 기준정보 코드를 부여할 때 간결성 관점에서 다음과 같은 부분을 고려하는 것이 좋다.

- 가급적 길이를 최소한으로 줄인다.
- 불필요한 의미나 내용은 제거한다.
- 단어나 의미 등을 축약된 코드화한다.

구분	코드	비고사항
적절	A-001-01	인식이 쉽고 비교적 단순함
	F01-01-01	
	80010	자릿수가 비교적 짧아 기억하기 쉬움
부적절	43343424290823094275	코드가 길어 기억하고 입력하기 어렵다
	45-A3-F8-01-45-64	코드가 복잡하고 인식하기 어렵다

[그림 3-14] 기준정보 코드 간결성 적용 예시

나. 인식성

기준정보 코드가 일련번호나 아무 의미없는 숫자 또는 문자로 구성 되어 있으면 해당 코드가 어떤 의미가 있는지 확인 하기 어렵고 연관성이 없기 때문에 기억 하기에도 어렵다.

기준정보의 코드를 설계할 때에는 특정 자릿수나 글자 등에 의미를 부여 하게 되면 쉽게 기억 할 수 있고 코드만 보더라도 대략적인 내용 파악이 될 수 있는 장점이 있다.

구분	코드	비고사항
적절	A00010	코드의 첫 자리 영문자에 의미를 부여 하였다.
	B00010	-A: 식품류 -B: 공산품류
	C00010	-C:가전제품
부적절	000280	의미를 부여하지 않고 순번으로 코드를 부여하였다.
	0000281	(코드가 어떤 의미인지 확인하기 어렵다)

[그림 3-15] 기준정보 코드 인식성 적용 예시

다. 확장성

기준정보 코드를 생성할 때 향후 얼마나 확장될 것인지를 예측하지 않았을 경우 당장은 문제가 없겠지만 향후 시스템에 중대한 문제가 발생될 수도 있다.

우리가 부여받고 있는 주민등록번호의 경우에도 연도의 자릿수가 2자리로 고정되어 있기 때문에 2000년대 이후에 태어난 사람들은 7번째 자리인 성별 항목의 추가적인 예외를 두어 문제를 해결한 사례가 있다. 과거 주민등록번호를 2000년대 이후를 고려하지 못했기 때문에 발생한 문제이다.

기준정보의 경우에도 가급적 간결하고 인식하기 쉽도록 설계 하되 반드시 향후 먼 미래를 내다보고 코드를 심사숙고하여 설계하는 자세가 필요하다.

구분	코드	내 용
적절	제품코드 5자리	-현재 약 1,000여개 제품코드를 생성함 -향후 5년간 1,000여개 제품코드 추가가 예상됨 -향후 10년내 3,000여개 제품코드 추가 예상됨 -5자리 모두 소진시 첫자리 알파벳으로 확장
부적절	로케이션코드 랙번호(2자리) + 단수(1자리)	-현재 랙번호를 최대 90번 까지 사용하고 있음 -향후 랙이 지속적으로 추가될 예정임 -단수(층수)도 현재는 1자리로 수용 가능하지만 자동화 설비 도입시에는 2자리 이상 필요함

[그림 3-16] 기준정보 코드 확장성 관련 예시

라. 입력 용이성

기준정보의 코드는 시스템에 데이터를 입력하는 데 있어 빠르게 정확하게 관리하기 위한 목적이 강하다. 입력 작업을 하는데 영문자와 숫자 또는 특수문자를 혼용하는 경우에는 자판 배치의 특성 상 입력하는 데 불편하고 효율성도 떨어지고 시간도 많이 걸린다.

기준정보 코드 체계를 구성하는 데 있어 가급적이면 영문자와 숫자의 혼용을 피하는 것을 추천한다.

구분	코드	내 용
적절	10020	숫자만으로 구성되어 입력이 용이함
	A0010	첫 자리만 영문자로 구성되어 비교적 입력이 용이함
	2000F	끝 자리만 영문자로 구성되어 비교적 입력이 용이함
부절절	A-34-F-3	영문자와 특수문자 또는 숫자가 혼용되어 입력 어려움
	A45KK3	
	45GGQ3A	

[그림 3-17] 기준정보 코드 입력 용이성 관련 예시

마. 오류 보정성

코드를 시스템에 입력하다 보면 사용자의 실수 등으로 잘못된 코드를 입력할 수 있는데 이러한 상황에서 사전에 정상적인 코드인지 아닌지를 체크하여 사용자에게 알려 줌으로써 시스템의 편의성을 개선할 수 있다.

코드	내 용
계좌번호 204-18-11882-3	-마지막 자리수 [3]이 체크 디지트이다. -은행 계좌번호 고유의 수식 계산을 통해 나온 값이 마지막 자릿수의 값과 일치하지 않으면 오류 계좌번호 이다.
제품바코드(KAN13) 8801073102538	-마지막 자릿수 [8]이 체크 디지트이다. -바코드가 정상인지 수식 계산을 통해 나온 값이 마지막 자릿수의 값과 일치하지 않으면 오류 바코드 이다.

[그림 3-18] 기준정보 코드 오류 보정성 관련 예시

오류를 체크하기 위해서 일반적으로 "체크디지트(Check Digit)"를 활용한다. 입력값의 오류를 검출하기 위해 사용되는 숫자를 의미한다.

입력된 값의 특정 규칙에 따라 얻을 수 있는 체크디지트 값이 정상적인지를 체크하여 오류 여부를 확인한다. 일반적으로 신용카드, 바코드, 주민등록번호, 사업자등록번호 등에 널리 쓰인다.

CHAPTER
04

입고 프로세스

CHAPTER 04

입고 프로세스

01 기본 개념

입고(Inbound, Receive)의 사전적인 의미로는 "창고에 물건을 넣는다"라는 뜻이다. 좀 더 넓은 의미로 해석하면 공급처(공장)에서 입고예정정보(ASN, Advanced Shipping Notice)를 수신받은 순간부터 입고된 재고가 입고 존을 거쳐 보관 존으로 이동(적치)되는 전체적인 과정으로 정의할 수 있다.

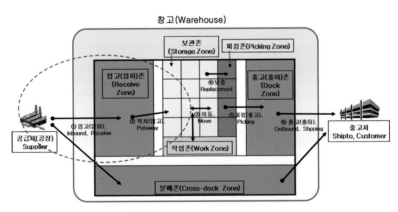

입고	출고	재고	Advanced
ASN→입고→적치 (1,2)	할당→피킹→출고 (4,5,6)	재고이동(3),보류, 재고실사	VAS,C/D, 적정재고,창고 최적화

[그림 4-1] 입고 프로세스 범위

입고 주요 프로세스는 공급처(공장), 물류현장 작업자, WMS 관리자 등 주요 이해 관계자를 위주로 정리하였다. 입고확정, 적치확정 작업 시에는 작업자가 모바일 장비를 활용하여 실시간 확정하는 것이 보다 생산적이다.

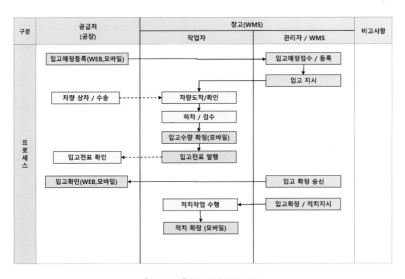

[그림 4-2] 입고 주요 프로세스

02 주요 입고 프로세스

입고 프로세스를 요약 정리해 보면 다음과 같이 5단계의 입고 절차를 거친다. 각 단계별 모바일장비 활용, 바코드(RFID) 활용 여부 그리고 대표적인 출력물에 대해 표시하였다.

단계	프로세스	내 용	모바일 장비	바코드 (RFID)	주요출력물
1	입고예정수신	공급처(공장)에서 입고예정 내역 데이터 수신 (수기등록)		●	입고라벨, 입고예정LIST
2	차량도착 / 검수	입고차량 도착 및 수량 검수	●	●	검수LIST, 입고라벨
3	입고확정	검수된 재고 최종 확정, 재고증가(+)	●		입고확정전표
4	적치지시	최적의 보관 로케이션으로 재고이동 지시	●		적치지시서
5	적치확정	보관 로케이션 재고 이동 후 완료 처리	●		

[그림 4-3] 주요 입고 프로세스 목록

가. 입고예정 수신

입고예정 정보는 ASN(Advanced Shipping Notice)이라고 칭한다. 입고예정 정보에는 입고될 예정인 제품목록과 수량, 도착 예정시간, 운송 담당자 정보, 전표번호 등의 항목을 전달한다.

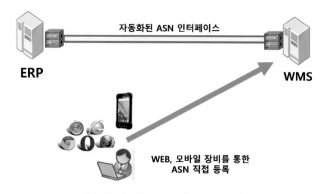

[그림 4-4] 입고예정(ASN)정보 전달 방법

입고예정정보는 일반적으로 자동화된 시스템 간 각종 인터페이스 연계를 통해 전달한다. 간혹, 시스템이 인터페이스가 어려운 경우 웹이나 모바일 장비를 통해 수동으로 입력하는 경우도 있다.

입고예정 정보는 창고에 입고가 원활하게 이루어질 수 있도록 사전에 작업자, 장비 등을 미리 준비하고 다른 작업과 겹치지 않도록 작업에 대한 운영 계획을 수립하는 데 이용된다.

전표 헤더영역

고객사 (화주)	전표번호	출고일자	입고예정일자	출고창고	입고창고	전표비고사항
1001 (삼성)	DA-0001	2023-11-15	2023-11-16	80001 (부산공장)	90001 (서울창고)	
2001 (엘지)	AK-90001	2023-11-15	2023-11-16	M01 (조치원창고)	90001 (서울창고)	

디테일 (전표상세)

고객사 (화주)	전표번호	제품코드	제품명	수량	단가	금액	제품비고사항
1001	DA-0001	2001	사과	1000	-	-	
1001	DA-0001	2002	포도	2000	-	-	
2001	AK-90001	7007	양파	500	-	-	
2001	AK-90001	7100	당근	300	-	-	
2001	AK-90001	7902	호박	1000	-	-	

[그림 4-5] 입고예정정보 예시

나. 차량도착 / 검수

입고물량을 실은 차량이 도착하면 사전에 전달받은 입고예정(ASN) 정보나 상대방이 발행한 거래명세서(출고전표)를 참고하여 제품의 상태와 수량을 검수한다. 입고 검수는 단순히 정확한 수량의 확인뿐만 아니라 제품의 내외부 포장 상태, 유통기한 이상여부, 취급 온도 준수 여부 등을 전반적으로 입고될 물량의 상태를 확인해야 한다.

입고 검수 시에는 모바일 장비의 바코드나 RFID를 스캔 하는 방법으로 제품의 검수하고 최종적으로 입고수량 등을 최종 검수확정 처리한다. 모바일 장비를 활용하기 어려운 경우에는 사전에 출력한 검수관련 출력물로 체크하면 된다.

다. 입고확정

검수가 완료되고 최종 입고해야 할 절차가 마무리되면 "입고확정" 작업을 수행한다. 입고확정을 수행하면 WMS에서 관리하는 창고의 재고가 증가(+)된다. 이 시점부터는 해당 재고는 입고 확정을 한 창고에서 책임이 있다.

공급처(공장)과 인수인계의 증빙 자료로 "입고전표"를 발행하는데 향후 분쟁 등의 문제가 발생되었을 경우 명백한 증거로 활용될 수 있기 때문에 입고전표에 대해 상호 서명을 명확히 하고 이를 체계적으로 관리 해야 한다.

입고 확정된 재고는 품질검사나 적치 작업을 수행하기 위해 대기 로케이션에 임시적으로 보관된다. 입고 확정 후에도 추가적인 품질검사 등의 작업을 수행한 후에 적치(Putaway) 작업을 통해 보관 로케이션으로 이동 보관된다. 아직 적치가 수행되지 않고 임시로케이션인 입고장에 보관된 재고들은 출고할당(지시)이 될 수 없도록 가용재고에서 제외하는 것이 일반적이다.

입고 확정시 파손이나 착오 등으로 입고예정수량과 실제 입고된 수량에 차이가 나는 경우가 있는데 고객사(화주) 시스템에서 실제 입고수량으로 변경이 되지 않는 경우가 있는데 이러한 경우에는 추가적인 입고반품 ASN을 접수받아 처리 해야 하는 경우도 있다. 이는 WMS 시스템이 고객사(화주)의 ERP 시스템에 절대적으로 영향을 많이 받기 때문이다.

구분	내 용	고객사(화주) 입고확정 수량변경 인터페이스 적용여부
실물량 입고처리	1. 입고확정 시 실제 입고수량으로 확정한다. 2. 고객사(화주) ERP 시스템으로 전송 처리 한다.	O
입고 후 반품처리	1.입고확정 시 실제 입고수량이 아닌 입고예정수량으로 확정한다. 2.차이수량에 대해 고객사(화주)사로 입고반품 ASN을 추가 전달 받는다. 3.입고반품ASN 으로 차이수량에 대해 입고반품 확정 처리 한다.	X

[그림 4-6] 입고수량 차이발생에 따른 처리 방안

라. 적치(Putaway) 지시

WMS는 입고 확정되어 입고 존에 임시적으로 보관된 재고에 대해 제품의 종류, 크기, 중량, 출고 추이, 이미 입고된 재고들의 로케이션 등을 고려하여 최적의 로케이션에 재고가 보관될 수 있도록 다양한 적치 방법을 제공한다.

WMS 시스템에서 창고의 보관, 입출고 등 전체적인 효율화를 위해서는 적치 작업이 매우 중요하다.

재고를 어느 위치의 보관 로케이션으로 했는지에 따라 향후 출고를 위한 피킹 작업이나 재고관리 업무 수행에 작업자의 동선이나 작업자의 효율적인 배치 등을 할 수 있기 때문이다.

대부분의 WMS 시스템은 적치(Putaway) 지시를 위한 구현 방법은 "개발자 코딩", "적치룰 선택", "빅데이터 및 인공지능활용" 등 크게 3가지 형태로 진행되고 있다.

최근 초대형 물류센터(창고)들은 매우 넓고 복잡한 물류창고 구조에서 수많은 작업자들이 동시에 입출고 작업을 수행하기 때문에 창고의 효율적인 재고 배치 뿐만 아니라 출고 시 작업자들이 동일 지역에 몰리지 않도록 고려하기 위해 적극적으로 빅데이터 분석이나 인공지능(AI) 등 최신의 IT기술을 적극적 도입 하고 있는 추세이다.

적치 개발방식	내 용	비고사항
개발자 코딩	-개발자가 사전에 창고에서 요구하는 적치 로직을 프로그래밍 개발 -장점 : 시스템 복잡도가 낮고 비용이 저렴 -단점 : 새로운 적치 로직 개발시 개발자에 의존해야 한다.	WMS 자체구축시 용이
적치룰 선택	-여러가지 유형의 적치방법을 사전에 정의 한다. -사용자가 복수의 적치방법을 선택하고 이를 조합하여 운영한다. -장점 : 사용자가 직접 적치 방법을 설정 구현 할 수 있다. -단점 : 개발자 코딩 방식에 비해 복잡도가 높다.	WMS 상용 솔루션
빅데이터 및 인공지능 활용	-과거 입출고 추이 등을 빅데이터, 인공지능 분석하여 적치 진행 -장점 : 현실감 있는 적치 구현 가능 -단점 : 개발 및 유지보수, 시행착오 등의 비용이 높음	초대규모 기업 활용

[그림 4-7] WMS 적치 소프트웨어 개발 방식

이 책에서는 WMS 상용 솔루션에서 주로 활용되고 있는 "적치룰 선택" 방식을 기준으로 적치가 시스템 내에서 어떻게 이루어지는지를 살펴보고자 한다. 다음은 실무에서 주로 활용되고 있는 적치 방법들이다.

적치방법	내 용	비고사항
적치01	**해당 제품의 피킹로케이션에 가장 가까운 로케이션 추천** 예) A제품의 피킹LOC가 L01이면 L01근처의 비어있는 로케이션 추천	
적치02	**해당 제품그룹에 설정된 기본 보관존의 적절한 로케이션 추천** 예) 제품그룹A 기준정보에 등록된 기본보관존 AREA1의 비어있는 로케이션 추천	
적치03	**해당 제품이 가장 많이 보관된 존의 로케이션 추천** 예) 제품A가 AREA1 존에 가장 많이 보관되어 있기 때문에 AREA1존의 비어있는 로케이션 추천	
적치04	지정한 존에 비어있는 적절한 로케이션 추천 예) AREA1 존에 비어있는 로케이션 추천 (적치룰 등록시 AREA1 입력)	
적치05	지정한 로케이션에 적치 예) L01 로케이션이 비어있으면 로케이션 추천 (적치룰 등록시 L01 입력)	
적치06	최근 출고수량이 일정수량 이상이면 지정한 존의 적절한 로케이션 추천 예) A제품의 최근30일 출고수량이 10,000개 이상이면 AREA1 존의 비어있는 로케이션 추천 　A제품의 최근30일 출고수량이 5,000개 이상이면 AREA2 존의 비어있는 로케이션 추천	
....	추가 다양한 적치방법을 개발 하여 추가 할 수 있다.	

[그림 4-8] 적치 방법 예시

적치(Putaway)가 어떻게 동작 하는지 간단한 예제를 통해서 알아보자.

〈 예제 : 제품A 적치기준 〉

우선순위 1 : 적치05 (지정로케이션 BB001)
우선순위 2 : 적치03 (현재 제품 A는 BB 존에 100개, CC 존에 500개 보관되어 있다고 가정)
우선순위 3 : 적치02 (제품 A는 제품그룹 "KK"에 속하며, 제품그룹 "KK"는 DD 존 기본 존 설정)

위 예제는 제품 A에 대해 WMS 관리자가 적치 기준을 설정한 내용이다. "적치05", "적치03", "적치02" 세 개의 적치방법이 적용되었으며 우선 순위가 설정되어 있다. 시스템은 우선 순위가 별로 차례대로 적치가 가능한지를 확인하고, 해당 우선순위가 적용되지 못할 경우에 다음 순위의 적치 가능여부를 확인하는 방법으로 동작한다.

단계	내 용	비고사항
단계1	-우선순위1의 **"적치05"를 실행한다.** -"BB001" 로케이션에 재고가 없다면 "BB001"을 적치 로케이션으로 제시하고 종료 한다. 만약, "BB001" 로케이션에 재고가 이미 보관 되어 있으면 <단계2>를 수행 한다.	
단계2	-우선순위2의 **"적치03"를 실행한다.** -제품A가 "CC"존의 재고가 더 많이 보관되어 있으므로 "CC"존의 비어있는 로케이션을 찾는다. -"CC존"에 비어있는 적합한 로케이션이 있으면 해당 로케이션을 제시하고 종료 한다. 만약, "CC존"에 비어있는 적합한 로케이션이 하나도 없을 경우에는 <단계3>을 수행한다.	
단계3	-우선순위3의 **"적치02"를 실행한다.** -제품A가 속해있는 제품그룹 "KK"의 기본 보관존인 "DD"존에서 비어있는 로케이션을 찾는다. -"DD존"에 비어있는 적합한 로케이션이 있으면 해당 로케이션을 제시하고 종료 한다. 만약, "DD존"에 비어있는 적합한 로케이션이 하나도 없을 경우에는 <단계4>을 수행한다.	
단계4	-적합한 로케이션을 찾지 못했기 때문에 오류를 출력하고 종료 한다. -관리자나 적치 담당자가 직접 로케이션을 지정하여 적치를 수행 할 수도 있다.	

[그림 4-9] 제품 A 적치기준 실행 예시

마. 적치(Putaway) 확정

작업자는 적치지시서를 출력하여 전달받거나 모바일 장비를 통해 전달받아 입고 존에서 보관 존으로 실제 물량을 이동 처리한다.

만일, 적치 로케이션에 현실적으로 적치가 불가능한 경우에는 작업자가 임의로 다른 보관 로케이션으로 변경할 수도 있다. 모바일 장비를 통해 전달받은 경우에는 실시간으로 모바일 장비에서 바로 "적치확정" 처리를 할 수 있어 WMS 시스템상 재고와 실제 재고를 실시간으로 일치된 환경을 구현할 수 있다.

적치지시서(출력물)에 의해 작업한 경우에는 별도로 사무실에서 적치 확정을 수행 해야 하기 때문에 WMS 시스템상 재고와 실제 재고 사이에 시차가 발생된다.

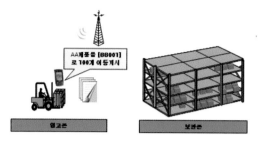

[그림 4-10] 모바일 장비에 의한 적치 확정

적치가 되기 전의 재고는 일반적으로 입고 존의 임시영역에 있기 때문에 출고를 할 수 있는 가용재고에 포함되지 않는다. 적치가 완료되어야 비로소 출고가 가능한 가용재고에 포함된다.

03 입고 체크리스트 및 KPI

입고 업무와 관련하여 검토해야 할 체크리스트와 KPI 항목을 정리하였다. 범용적인 내용으로 구성되어 있기 때문에 각 창고의 특성에 맞게 수정 보완하여 사용하길 바란다.

가. 입고관련 체크리스트 (예시)

순번	내 용	확인/비고
1	사전 입고예정 현황을 확인하고 입고 계획을 수립 하였는가?	
2	입고 및 적치 관련 인력 및 장비는 적정한가?	
3	입고시 외관(포장, 청결, 표기사항) 점검은 정상적으로 이루어지고 있는가?	
4	제품의 유지온도, 유통기한 관리, 로트번호 관리 등이 정상적으로 이루어 지고 있는가?	
5	입고 수량은 이상이 없는가?	
6	제품의 적재 상태는 이상이 없는가? (파렛트당 박스수, 랩핑 상태 등)	
7	아직 처리되지 않은 입고 사항은 없는가 ?	
8	적치 오류 또는 완료 되지 않은 품목은 없는가 ?	
9	입고 전표, 지시서 등 출력물은 잘 보관 관리되고 있는가?	
10	입고장의 청결 상태는 이상이 없는가 ?	
11	입고관련 공급처의 불편이나 클레임은 없는가?	

나. 입고관련 KPI (예시)

구분	계 산 수 식	비고사항
입고 오류률 (%)	-입고 오류률(건수기준) = 입고오류건수 / 입고예정총건수 * 100 -입고 오류률(수량기준) = 입고오류수량 / 입고예정총수량 * 100	
미입고률 (%)	-미입고률(거래처기준) = 미입고 거래처수 / 입고예정 총거래처수 * 100 -미입고률(전표기준) = 미입고 전표건수 / 입고예정 총전표수 * 100 -미입고률(수량기준) = 미입고 수량 / 입고예정 총수량 * 100	
생산성 (%)	-인당 처리건수 = 입고확정수량 / 투입인원수 -장비 생산성 = 입고확정수량 / 투입장비수	
처리시간	-평균 입고 처리시간 = ∑(입고접수시간 - 입고완료시간) / 입고건수	
적치 오류률 (%)	-적치 오류률(건수기준) = 적치오류건수 / 입고확정총건수 * 100 -적치 오류률(수량기준) = 적치오류수량 / 입고확정총수량 * 100	
단위당 입고비용	-단위당 입고비용 = 총입고비용 / 입고량 (인원, 시간, 수량, 건수 등)	

출고 프로세스

CHAPTER 05

출고 프로세스

01 기본 개념

출고(Outbound, Shipping)의 사전적인 의미로는 "창고에서 꺼내다"라는 뜻이다. 입고확정 및 적치를 완료 후 보관되어 있는 재고를 고객사(화주)의 요청으로 재고를 피킹하여 창고 외부로 이동시키는 일련의 과정을 말한다. 출고업무가 완료되면 WMS 시스템에서는 재고가 감소된다. 아래의 그림에서 (4) 보충, (5) 피킹, (6) 출고의 과정이 이에 해당한다.

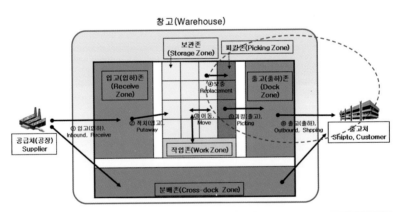

입고	출고	재고	Advanced
ASN→입고→적치 (1,2)	할당→피킹→출고 (4,5,6)	재고이동(3),보류, 재고실사	VAS,C/D, 적정재고,창고 최적화

[그림 5-1] 출고 프로세스 범위

출고 요 프로세스는 고객사(화주, 출고처), 물류 현장 작업자 그리고 WMS 관리자 등 주요 참여자를 기준으로 처리해야 할 업무들에 대해 정리하였다. 피킹작업은 물류 현장 작업자가 모바일 장비를 활용하여 실시간 확정하는 것이 일반적이다.

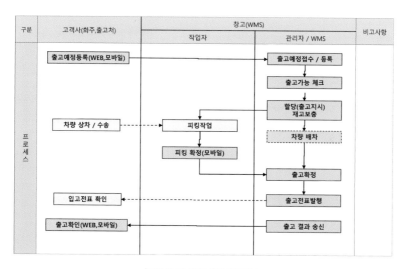

[그림 5-2] 출고 주요 프로세스

출고 프로세스를 요약해서 정리해 보면 다음과 같이 7단계의 출고 절차를 거친다. 각 단계별 모바일장비 활용 여부와 대표적인 출력물에 대해 정리하였다.

단계	프로세스	내 용	모바일 장비	주요출력물 / 비고
1	출고예정 수신	고객사(화주)로 부터 출고예정 정보 수신		
2	출고가능 체크	재고 부족시 정책에 따른 사전 수량 배분 처리		재고부족분 오더할당 리스트
3	피킹로케이션보충	피킹로케이션 재고부족시 보관LOC → 피킹LOC 이동	●	피킹로케이션 보충지시서
	할당(출고지시)	출고 오더별로 로케이션 할당 처리		
4	차량배차	출고 오더별 차량 배차		차량 배차 리스트
5	피킹	피킹 작업 수해 및 결과 등록	●	피킹 리스트
6	출고검수	피킹 이상여부 최종 확인	●	검수 리스트
7	출고확정	최종 재고 인계 / WMS 재고 감소(-)		출고거래명세서

※ 작업 환경 등에 따라 달라 질 수 있다. (일반적인 상황에 대한 예시임)

[그림 5-3] 출고 단계별 주요 프로세스

가. 출고예정 수신

WMS 출고예정 정보는 고객사(화주)의 ERP 시스템이나 OMS(Order Management System)에서 인터페이스 받거나 웹이나 모바일 등으로 직

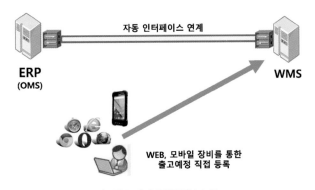

[그림 5-4] 출고예정정보 수신

접 입력을 받는다. 최근에는 물류 업무의 영역이 넓어지면서 물류 고유의 업무뿐만 아니라 화주의 거래처로부터 오더를 접수 받는 OMS 영역이 업무까지 대행하는 경우가 많다.

출고예정정보는 요청일자, 출고처, 제품코드, 수량 등의 정보로 포함되어 있으며 WMS는 출고예정정보를 기반으로 출고 작업이 진행된다. 출고예정정보는 전표의 헤더 영역과 상세 영역인 디테일 영역으로 구분되어 전송된다.

전표 헤더영역

고객사 (화주)	전표번호	주문일자	출고일자	출고처	창고코드	전표비고사항
1001 (삼성)	DA-0001	2023-11-15	2023-11-16	30001 (하나마트)	90001 (서울창고)	오전에 필히 배송요망
2001 (엘지)	AK-90001	2023-11-15	2023-11-16	K001 (하나 마트)	90001 (서울창고)	14시까지 배송요망

디테일 (전표상세)

고객사 (화주)	전표번호	제품코드	제품명	수량	단가	금액	제품비고사항
1001	DA-0001	2001	사과	10	1,000	10,000	
1001	DA-0001	2002	포도	10	2,000	20,000	취급주의
2001	AK-90001	7007	양파	5	2,000	10,000	
2001	AK-90001	7100	당근	3	1,000	3,000	
2001	AK-90001	7902	호박	10	5,000	50,000	

[그림 5-5] 출고예정정보 예시

WMS는 출고예정정보를 한 건씩 처리 함으로써 효율이 떨어지는 문제를 해결하기 위해 여러 건씩 묶어서 한 번에 출고처리를 하는 것이 일반적이다. 이 묶음을 보통 웨이브(Wave) 또는 배치(Batch), 차수 등의 용어로 부른다.

웨이브 개념 없이 한 건씩 출고작업을 처리할 경우에는 동일한 제품의 로케이션을 작업자가 반복적으로 피킹 작업을 해야 하는 등 작업자의 이동 거리와 작업 시간이 길어질 수밖에 없다.

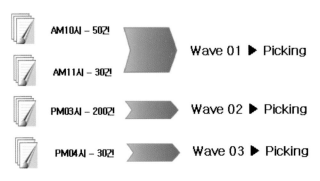

[그림 5-6] 웨이브 활용 예시

웨이브를 활용하면 웨이브 단위로 묶어서 처리하면서 다음과 같은 다양한 피킹 방식을 구현할 수 있다.

– 제품별로 출고될 물량 집계 후 일괄 피킹하고 이를 출고처별로 배분할 수 있다.
– 차량별로 출고될 물량 집계 후 일괄 피킹 후 차량에 바로 상차할 수 있다.
– 동일한 출고처(배송처)로 묶어서 일괄 피킹이 가능하다.

나. 출고가능 체크

창고에 보유하고 있는 가용재고(정상적으로 출고 가능한 재고)보다 더 많은 출고 오더가 접수되는 경우 많다. 가용재고가 부족하기 때문에 어쩔 수 없이 특정 출고처(배송처)는 정상적으로 출고 하고, 또 다른 출고처는 출고 대상에서 제외 해야 할 수도 있다.

이러한 상황에서 출고처(배송처)의 불만을 최소화하기 위해 출고처 중요도, 주문 물량, 주문을 접수한 시간 우선 순위 등 다양한 방법들을 통해 우선순위에 따라 순차적으로 배분하거나 부족한 수량을 감안하여 균등하게 배분하는 다양한 정책(방법)들을 적용하고 있다.

정 책	내 용	비고사항
출고처 우선순위별	출고처(배송처)에 대한 중요도가 높은 출고오더 부터 출고 처리	
요청수량 배율배분	출고처에서 주문한 수량을 비중을 산정하여 배분	전체 출고처 수량 조정
일괄 수량 배분	출고처에서 주문한 수량은 무시하고 동일수량으로 일괄 배분	
등록시간 우선	주문을 등록한 시간 기준으로 우선 출고 처리	
대물량 우선	주문수량이 많은 순으로 출고오더를 우선 출고 처리	
소물량 우선	주문수량이 적은 순으로 출고오더를 우선 출고 처리	

※ 출고대상에서 제외된 전표는 다음날짜 또는 재고가 확보될 때 까지 전표 이월 또는 삭제 처리 경우도 있음

[그림 5-7] 출고가능 체크 정책 예시

여러 가지 출고가능 체크 정책 중에서 "출고처 우선순위별"로 재고가 어떻게 배분되는지를 실제 예시를 통해 알아보자. "출고처 우선순위별" 정책은 사전에 출고처(배송처)에 대해 우선순위 등급이 부여 되어 있어야 적용 가능하며, 관리자에 의해 배분된 수량을 조정할 수도 있다.

출고처(배송처)	출고처 등급	가용재고	출고예정량	출고예정 변경수량	반영 순서	비고사항
A출고처	1		50	50	1	
B출고처	2		100	100	4	
C출고처	1		50	50	2	
D출고처	2	350	50	50	5	
E출고처	1		50	50	3	
F출고처	3		100	50	6	일부 출고
G출고처	4		100	-	7	출고 불가
합계			500	350		

※ 가용재고 보다 출고예정량이 많아 출고처 등급 순으로 출고예정수량을 변경함

[그림 5-8] 출고가능체크 적용 예시 (출고처 우선순위별)

다. 할당(출고지시)

창고의 형태, 취급하는 제품 그리고 입출고 추이 등 물류 환경에 따라 창고에서는 보관 로케이션 외에 별도의 피킹 로케이션을 운영하는 경우가 있다. 피킹 로케이션 운영 여부에 따라 프로세스와 내부 절차도 다르다. 피킹 로케이션의 운영과 운영하지 않은 경우를 비교하여 설명하도록 하겠다.

구분	피킹로케이션 미지정 (보관로케이션에서 바로 피킹)	피킹로케이션 운영 (보관 → 피킹로케이션 보충후 피킹)	비고사항
화물유형	대형, 중량물	소형, 경량물	
피킹단위	박스 등 보관단위 출고	낱개 등 소량 위주 출고	
장비활용	지게차 등 전용장비 필요	인력 위주 운영	
재고보충여부	X	O	
특 징	창고운영 단순	작업자 생산성 및 이동거리 단축	
		재고관리 용이 (피킹로케이션만 재고조사)	
	랜덤 스토우 적용 가능 (혼잡 발생 예방)	특정 피킹로케이션 작업 집중 (혼잡발생)	

[그림 5-9] 피킹 로케이션 운영방식 비교

(1) 피킹 로케이션 운영

창고에서 일반적으로 박스 단위로 보관할 때 팔레트랙에 보관되는데 팔레트랙의 높은 단(층)에 있는 재고를 피킹해야 할 경우에는 지게차(포크리프트) 등의 장비 없이는 접근이 어렵다. "피킹 로케이션 운영" 방식은 이러한 문제를 해결하기 위해 작업자가 손이 바로 닿을 수 있는 주로 1단(층)에 제품별 전용 피킹 로케이션을 지정 운영한다.

"피킹 로케이션 운영"은 주로 다품종 소량의 다빈도 출고에서 많이 적용되는데 장비가 별도로 필요하지 않기 때문에 인력을 유동적으로 투입할 수 있고 피킹 로케이션에서만 피킹(출고)가 이루어지기 때문에 재고조사 등의 관리가 용이한 장점이 있다. 반면에 동시에 특정 제품에 수량이나 작업 지시가 몰리게 되면서 혼잡 등 병목현상이 발생되어 작업 효율성이 떨어질 수 있는 문제도 함께 가지고 있다.

이 방식은 다음과 같은 방법으로 피킹 로케이션에 부족한 재고를 보충할 수 있다.

– 사전 보충 : 최근 출고량으로 미리 예측하여 보관 로케이션 → 피킹 로케이션 이동 지시
– 할당 보충 : 사전 보충을 했음에도 출고해야 할 물량이 부족할 경우
　　　　　　할당(출고지시)작업 시 보관 로케이션 → 피킹 로케이션 이동 지시

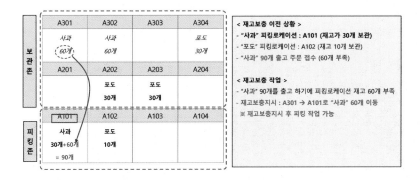

[그림 5-10] 피킹로케이션 재고보충 예시

(2) 피킹 로케이션 미지정

"피킹 로케이션 미지정" 방식은 로케이션에 보관되어 있는 재고를 바로 출고 처리하는 방식이다. 별도의 "재고보충" 작업 등이 필요 없고 빠르게 할당(출고지시) 작업을 수행하면 바로 작업자가 피킹 업무를 수행할 수 있기 때문에 쉽고 빠른 방법이다.

일반적으로 제품의 크기가 비교적 큰 중량물, 한 번에 대량의 물량이 출고되는 경우, 출고 빈도가 비교적 작은 경우에 많이 채택되어 운영되고 있다. 최근에는 아마존, 쿠팡 등에서 이 방식을 응용하여 "랜덤 스토우(Random stow)" 방식이라는 이름으로 다빈도 소량의 B2C 위주의 대규모 창고에서 큰 효과를 발휘하고 있다. "stow"는 "보관하다, 넣다, 밀어넣다"라는 뜻으로 물류 분야에서는 "제품을 보관하다"라는 뜻으로 사용된다.

랜덤 스토우 방식을 간단히 소개하면, 동일 제품을 보관 존에 적치할 때부터 특정 구역에 집중해서 보관하지 않고 소량씩 잘게 쪼개어 여러 곳에 분산하여 보관한다.

동일 제품이 여러 로케이션에 분산되어 보관되어 있어 얼핏 보면 무질서하고 비효율적으로 보일 수도 있지만 작업자들을 동일한 지역에 집중되지 않도록 분산하고 제품별로 출고되는 패턴을 고려하여 인근에 배치하는 등의 다양한 알고리즘을 적용하여 대규모 창고에서 수많은 작업자를 투입하더라도 운영할 수 있어 작업 생산성과 보관 효율을 극대화할 수 있는 방식이다.

제품별 피킹 로케이션 운영 방식과 미지정 운영 방식은 각기 특징과 장단점이 있기 때문에 위의 랜덤 스토우 방식처럼 응용하거나 두 가지 방식을 혼용하는 경우가 많다. 예를 들면 박스나 팔레트 단위의 출고 작업이 필요한 경우에는 "피킹 로케이션 미지정" 방식으로 처리하고, 소량의 출고 작업이 필요한 경우에는 "피킹 로케이션 운영" 방식으로 선택적으로 업무를 처리하는 방법을 고려해 볼 수 있겠다.

(3) 할당(Allocation, 출고지시)

"할당"은 "출고지시", Assignment, Allocation, Assign이라는 용어로도 불린다. 고객사(화주)로부터 접수 받은 출고 오더를 출고하기 위해 선입선출, 로케이션의 용도, 위치 등을 고려하여 가장 효율적인 로케이션을 결정하고 이를 작업자가 피킹 할 수 있도록 지시하는 작업이다.

"피킹 로케이션 운영" 방식에서는 순수한 할당(Allocation) 작업과 동시에 피킹 로케이션의 재고가 부족 시 보관 로케이션 → 피킹 로케이션으로 재고보충 작업이 동시에 실행된다.

할당작업을 수행하면 로케이션의 재고에 할당 수량이 증가(+)된다. 이를 활용하면 앞으로 추가 할당 가능한 수량이 몇 개인지를 계산할 수 있

A301	A302	A303	A304
사과 60개(1/5입고) 할당: →30 잔량: 60→30	사과 60개(2/1입고) 할당: 0 잔량: 60		포도 30개(1/7입고) 할당: 0 잔량: 30
A201	A202	A203	A204
	포도 30개(1/5입고) 할당: 0 잔량: 30	포도 30개(1/1입고) 할당: 0 잔량: 30	
A101	A102	A103	A104
사과 30개(1/1입고) 할당: 0→ 30 잔량:30→ 0	포도 10개		

< 출고 오더 접수 >
-주문1 : "사과" 10개 주문
-주문2 : "사과" 30개 주문
-주문3 : "사과" 20개 주문

< 할당(출고지시) >
-주문1 : A101 로케이션 10개 할당 (A101잔량 20개)
-주문2 : A101 로케이션 20개 할당 (A101잔량 0개)
　　　　 A301 로케이션 10개 할당 (A301잔량 50개)
-주문3 : A301 로케이션 20개 할당 (A301잔량 30개)

※ 사과의 입고일자 기준 선입선출로 할당 처리(FIFO)

[그림 5-11] 할당 작업 예시

다. 이는 여러 개의 출고예정 오더를 동시에 할당(출고지시)할 때 동시에 같은 로케이션이 할당되지 않도록 계산하기 위함이다.

저자의 생각으로는 "할당(Allocation, 피킹 로케이션 재고보충 포함)"작업이 적치 작업과 함께 WMS 시스템 성능과 창고의 효율성에 가장 영향을 많이 미치는 기능이라 생각된다.

적치(Putaway)와 마찬가지로 WMS 소프트웨어에 따라 개발자 코딩, 할당룰 적용, 빅데이터 및 인공지능 등 최신 IT기술 활동 등으로 실제 구현된다.

할당 개발방식	내 용	비고사항
개발자 코딩	-개발자가 사전에 창고에서 요구하는 할당 로직을 프로그래밍 개발 -장점 : 시스템 복잡도가 낮고 비용이 저렴 -단점 : 새로운 할당 로직 개발시 개발자에 의존해야 한다.	WMS 자체구축시 용이
할당룰 선택	-여러가지 유형의 할당방법을 사전에 정의 한다. -사용자가 복수의 할당방법을 선택하고 이를 조합하여 운영한다. -장점 : 사용자가 직접 적치 방법을 설정 구현 할 수 있다. -단점 : 개발자 코딩 방식에 비해 복잡도가 높다.	WMS 상용 솔루션
빅데이터 및 인공지능 활용	-과거 입출고 추이 등을 빅데이터, 인공지능 분석하여 할당 진행 -장점 : 현실감 있고 효율적인 할당 가능 -단점 : 개발 및 유지보수, 시행착오 등의 비용이 높음	초대규모 기업 활용

[그림 5-12] WMS 소프트웨어 할당 개발 방식

이 책에서는 WMS 상용 솔루션에서 주로 활용되고 있는 "할당룰 선택" 방식을 기준으로 적치가 시스템 내에서 어떻게 이루어지는지를 살펴보고자 한다.

다음은 실무에서 주로 활용되고 있는 할당 방법들이다.

할당방법	내 용	비고사항
할당01	해당 제품의 피킹로케이션에서 할당 예) A제품의 피킹로케이션이 LOC1 일 경우 LOC1을 할당 로케이션으로 지정	
할당02	해당 제품의 제품그룹에서 관리하는 기본 존에서 가장 적합한 로케이션을 할당 예) 제품그룹A의 기본 보관존이 AREA1 일 경우 AREA1의 적합한 로케이션을 지정	
할당03	팔레트 단위 출고수량의 경우 지정한 존에서 할당 예) 출고수량이 2팔레트일 경우 AREA2 존의 적합한 로케이션에서 할당	
할당04	박스 단위 출고수량의 경우 지정한 존에서 할당 예) 출고수량이 2박스일 경우 AREA3 존의 적합한 로케이션에서 할당	
할당05	낱개 단위 출고수량의 경우 지정한 존에서 할당 예) 출고수량이 낱개 3개일 경우 AREA4 존의 적합한 로케이션에서 할당	
....	추가 다양한 할당방법을 개발 하여 추가 할 수 있다.	

[그림 5-13] 할당 방법 예시

할당(Putaway)이 어떻게 동작 하는지 간단한 예제를 통해서 알아 보자.

〈 예제 : 제품 A 할당기준 〉

우선순위 1 : 할당03 (지정 존 : DD)

우선순위 2 : 할당04 (지정 존 : EE)

우선순위 3 : 할당01 (제품 A는 피킹로이션 : "AA01")

위 예제는 제품 A에 대해 WMS 관리자가 할당 기준을 설정한 내용이다. "할당03", "할당04", "할당01" 세 개의 할당방법이 적용되었으며 우선순위가 설정되어 있다. 시스템은 우선 순위가 별로 차례대로 할당이 가능한지를 확인하고, 해당 우선순위가 적용되지 못할 경우에 다음 순위의 할당 가능여부를 확인하는 방법으로 동작한다.

단계	내 용	비고사항
단계1	-우선순위1의 "할당03"를 실행한다. -출고수량이 팔레트 단위 수량일 경우 "DD"존 내에서 할당 처리 한다. 만약, "DD존"에서 더 이상 할당 하지 못했을 경우에는 <단계2>를 수행한다.	
단계2	-우선순위2의 "할당04"를 실행한다. -출고수량이 박스 단위 수량일 경우 "EE"존 내에서 할당 처리 한다. 만약, "EE존"에서 더 이상 할당 하지 못했을 경우에는 <단계3>를 수행한다.	
단계3	-우선순위3의 "할당01"를 실행한다. -제품A의 피킹로케이션에서 나머지 할당되지 못한 수량을 할당 처리 한다. 만약, <단계3>까지 수행 후에도 할당 하지 못했다면 나머지 수량은 출고 제외 되거나 오류 처리	

[그림 5-14] 제품 A 할당 실행 예시

라. 차량배차

WMS 시스템은 창고와 재고를 효율적으로 관리하기 위한 솔루션이 기 때문에 상대적으로 차량배차 기능은 대부분 최소한의 기능만을 제공한다.

보통 WMS 시스템에서는 할당(출고지시)된 결과를 기반으로 차량을 수동으로 등록하고 그 차량이 상차될 출고장 관련 로케이션을 지정하는 정도의 수준에서 그치는 경우가 많다.

전문적인 배차시스템(TMS, Transportation Management System)의 경우에는 각 출고처(배송처)의 위치를 기반으로 교통량, 물동량, 요청시간, 출입 가능 차량, 출고수량, 부피, 체적 등을 대용량 빅데이터를 기반으로 최적화하여 그 결과를 기반으로 배차 작업을 자동화할 수 있다.

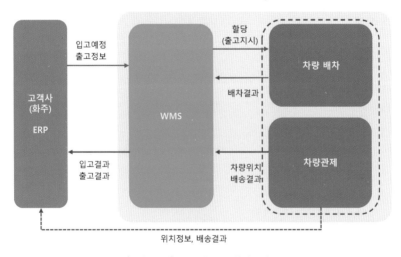

[그림 5-15] WMS와 TMS 연계 구성도

배송 중에도 차량을 실시간으로 어디에 있고 배송진행 상태를 바로 모니터링 할 수 있으며 고객사(화주)나 출고처(배송처)와 그 정보들을 실시간으로 공유할 수 있다. 차량 배차와 관련된 기능과 영역이 상당히 넓고 복잡하기 때문에 별도 전문솔루션을 도입하고 이를 WMS와 연계(인터페이스)하여 운영하는 것이 일반적이다.

마. 피킹(Picking)

피킹(Pick) 작업은 출고를 위해 할당(출고지시)된 내역을 실제 실행 하는 단계이다. 작업자에게 작업해야 할 내용을 전달 하고, 작업자는 할당된 로케이션의 재고를 출고 존(Dock Zone)으로 이동하는 작업을 수행 하는 작업이다.

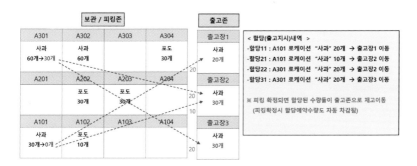

[그림 5-16] 피킹 작업에 따른 재고이동 예시

피킹지시는 시스템이나 관리자에 의해 모바일 장비나 출력물(피킹지시서) 등을 통해 전달 하게 되는데 피킹(할당) 로케이션, 제품코드, 제품명, 피킹수량 그리고 지정된 출고장 로케이션 등의 데이터를 전달한다.

[그림 5-17] 피킹리스트 출력 예시

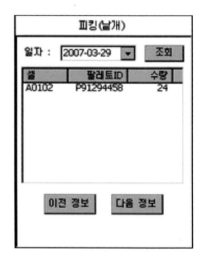

[그림 5-18] 피킹라벨 및 모바일 화면 예시

피킹 지시 작업은 위의 예시 피킹리스트 처럼 출고전표 단위의 지시 뿐

아니라 제품별, 거래처, 차량별, 권역별 집계를 통해 더 다양한 형태의

피킹 지시가 가능하다.

구분		내 용	비고사항
전표		-출고전표 별로 출력	
제품	전표별	-제품별 총수량을 일괄 피킹 후 전표별로 재분류	제품수보다 출고처의 수가 많을 경우
	거래처별	-제품별 총수량을 일괄 피킹 후 거래처단위로 재분류	
	차량별	-제품별 총수량을 일괄 피킹 후 차량별로 재분류	
존	전표별	-존별 전표별로 집계하여 피킹 지시	
	거래처별	-존별 거래처별로 집계하여 피킹 지시	
	차량별	-존별 차량별로 집계하여 피킹 지시	
그룹별	거래처별	-거래처에 여러 출고전표를 한번에 피킹	
	차량별	-차량에 배차된 여러 출고전표를 한번에 피킹	

※ 제품, 존, 그룹별 집계를 응용하면 더 다양한 피킹 작업 수행 가능

[그림5 -19] 주요 피킹 방법

비용절감과 생산성 향상을 위해 DPS(Digital Picking System)이나 DAS(Digital Assorting System), 자동분류기(Auto Sorter) 등의 자동화 장비들이 많이 활용되었는데 최근에는 로봇을 활용하여 피킹 업무를 자동화하는 사례가 늘어나고 있다.

바. 출고(Shipping)

출고작업은 피킹 작업을 통해 출고 존(Dock Zone)으로 이동된 재고를 최종 출고처(배송처)나 차량 운전원에게 인수인계하는 과정이다. WMS에서 관리한 재고를 인수인계를 통해 재고수량이 차감(-)되며 상호 거래의 증빙 자료인 출고 거래명세서(출고전표, 송장, Invoice)를 발행한다.

상황에 따라 배송차량을 통해 배송 중인 재고를 WMS 시스템에서 계속 재고로 인식하고 최종 출고처(배송처)에 완전히 인계한 시점에 최종

출고확정 처리가 되는 경우도 있으며, 출고 거래명세서 발행 역시 상황에 따라 할당이나 피킹 작업 전후에 이루어지는 경우도 있을 수 있다.

출고의 형태가 단순하거나 거래 건수가 많지 않은 경우에는 WMS의 출고 프로세스들이 복잡하고 불편하게 느껴질 수 있다. 다품종 소량 다빈도를 취급하는 어느 정도 규모 이상의 물류센터에서는 수많은 작업자와 자료들이 실시간으로 움직이기 때문에 WMS의 도움 없이는 정확하고 효율적인 창고 운영이 어렵다.

매출전표

매출번호	SA202306-0001					매출일자	20230623	
매출처	매출처1 현진상사					출력순번	1	

순번	제품	제품명	매출수량	매출단가	매출금액	상태	비고
1	제품1	사과	5	1,200	6,000	90	
2	제품2	딸기	5	2,300	11,500	90	
3	제품3	바나나	5	2,000	10,000	90	
4	제품4	포도	5	1,300	6,500	90	
5	제품5	삼겹살	5	7,000	35,000	90	
6	제품6	목살	5	5,000	25,000	90	
<<합계>>	6		0		94,000		

[그림 5-20] 출고전표 예시

03 출고 체크리스트 및 KPI

출고 업무와 관련하여 검토해야 할 체크리스트와 KPI 항목을 정리하였다. 범용적인 내용으로 구성되어 있기 때문에 각 창고의 특성에 맞게 수정 보완하여 사용하길 바란다.

가. 출고관련 체크리스트 (예시)

순번	내 용	확인/비고
1	출고 예정 물량을 사전 예측하고 관련 출고 계획을 수립 하였는가?	
2	출고에 투입할 인원이나 장비는 적정한가?	
3	출고시 제품의 파손이나 외관(포장, 표기, 청결상태) 등은 이상 없는가?	
4	제품의 유지온도, 유통기한 관리, 로트번호 관리 등이 정상적으로 이루어 지고 있는가?	
5	출고 검수는 하였는가? 출고수량은 이상 없는가?	
6	차량의 고장, 세차 여부 등 이상이 없는가?	
7	차량 배송기사의 용모 및 복장 상태는 양호한가?	
8	안전교육 등 주기적 필수 교육을 정상적으로 이루어지고 있는가?	
9	출고전표, 기록양식 등 출력물을 잘 정리, 관리되고 있는가?	
10	출고장의 청결 상태는 이상이 없는가?	
11	출고관련 공급처의 불편이나 클레임은 없는가?	

나. 출고관련 KPI (예시)

구분	계 산 수 식	비고사항
출고 오류률 (%)	-출고 오류률(건수기준) = 출고오류건수 / 출고예정총건수 * 100 -출고 오류률(수량기준) = 출고오류수량 / 출고예정총수량 * 100	사유별관리
정시배송률 (%)	-정시배송률 = 정시배송건수 / 총배송건수 * 100	
배송충족률 (%)	-배송충족률 = 실출고수량 / 총주문수량 * 100	
처리시간	-평균 출고 처리시간 = ∑(출고접수시간 - 출고완료시간) / 출고건수	
작업생산성	-인원생산성 = 출고수량 또는 금액 / 투입인원수 -장비생산성 = 출고수량 또는 금액 / 투입장비수 -전표당처리시간 = 일근무시간 / 총출고 전표수	

CHAPTER
06

재고관리

재고관리

01 개요

재고관리는 창고 내 재고를 최적의 수준으로 유지하고 이를 효율적으로 관리하기 위한 활동을 말한다. 재고관리는 기업의 경쟁력 강화를 위해 중요한 경영활동 중의 하나로 평가받고 있으며 이를 통해 재고비용 절감, 매출 증대 등의 효과를 기대할 수 있다.

재고관리의 범위는 수요예측을 통해 필요한 재고를 확보하고, 이를 안전하고 효율적 유지 관리를 통하여 출고처(배송처)에 출고 또는 재고 폐기까지의 재고 라이프사이클이 모두 포함될 수 있다. 이 책에서는 재고관리의 범위 중 안전하고 효율적인 유지 관리 차원에서의 재고관리에 집중하여 설명하고자 한다.

구분	기 능	내 용
1	재고 조회 (Inventory Reoprt)	창고내 재고를 여러 관점으로 실시간 조회
2	재고이동 (Move)	로케이션에서 다른 로케이션으로 재고를 이동시킴
3	재고보류 (Hold)	특정 제품 또는 로케이션의 재고를 이동이나 할당 하지 못하도록 함
4	재고상태변경 (Status change)	특정 로케이션의 재고 상태를 변경함 (예: 정상 → 불량, 불량 → 정상)
5	재고조사 (Taking, Cycle count)	주기적으로 재고가 일치 하는지를 확인 / 관리
6	재고 조정 (Adjustment)	실제 재고와 전산상 재고를 일치 하기 위해 로케이션재고를 조정함 (사유관리)

[그림 6-1] 재고관리 주요 기능

가. 재고조회 (Inventory Report)

재고관리를 위해서는 먼저 재고의 현재 상황을 제대로 파악하는 것이 가장 중요하다. WMS 시스템에서는 실시간으로 재고를 로케이션 또는 제품 등을 기준으로 다양하게 재고를 확인 할 수 있도록 보고서를 제공하고 있다.

구분	프로그램	내 용
1	제품별 현재고 현황	창고에 적재된 제품에 대해 총량, 가용재고 등을 조회
2	로케이션별 재고현황	로케이션에 어떤 제품이 보관되어 있는지를 조회
3	제품별 입출고 회전율 현황	제품별 입고, 출고 물동량 확인 및 회전일 확인
4	존/로케이션별 이용률 현황	특정 기간내에 존이나 로케이션의 이용률 현황 조회
5	시간대별 입출고 현황	시간대별 입출고 수량, 비중 등 조회
6	재고변동 이력	제품, 로케이션에 대한 재고 변동된 상세 내역 조회
	....	

[그림 6-2] 재고조회 주요 보고서 예시

홈 > 리포트 > 제품 집계 현황

No	고객사	제품	제품 명칭	수량 합계	보류	작업중	가용	부피 합계	보류	작업중	가용
1	BAOSTEEL	LOCAL1	LOCAL No 1	100	0	0	100	2,700	0	0	2,700
2	BAOSTEEL	PDA	Pda	100	0	0	100	0	0	0	0
3	BAOSTEEL	TV	TV No1	116	0	0	116	0	0	0	0
4	BARI	MC-3000	이노텔리텍	1,500	0	0	1,500	3,000,000	0	0	3,000,000
5	CSVW	Book	Book no 1	4	0	0	4	0	0	0	0
6	CSVW	PDA	Pda	20	0	0	20	0	0	0	0
7	CSVW	TV	TV No1	97	10	0	87	0	0	0	0
8	ELF	PDA	Pda	20	0	0	20	0	0	0	0

※ 창고내 로케이션 재고를 제품별 집계 (총재고, 보류재고, 작업중, 가용재고 조회)

[그림 6-3] 제품별 재고 현황 예시

홈 > 리포트 > 셀별 제품 현황　　　　　　　　　　　　　　● 개별 수량 ● 단위별 수량

No	존	로케이션	셀	고객사	제품	합계수량	재고 보류 수량			예약 수량	셀 보류 수량	
							이동 불가	할당 불가	이동 불가 할당 불가		보류 상태	보류 수량
1	LOCAL	1S01	1S013	BAOSTEEL	LOCAL1	100	0	0	0	0	정상	
2	TV	1A01	1A012	BAOSTEEL	PDA	100	0	0	0	0	정상	
3	TV	1A01	1A012	BAOSTEEL	TV	96	0	0	0	0	정상	
4	TV	1A04	1A043	BAOSTEEL	TV	20	0	0	0	0	정상	
5	RCVSTAGE	RCVSTAGE	RCVSTAGE	BARI	MC-3000	500	0	0	0	0	정상	
6	RCVSTAGE	RCVSTAGE	RCVSTAGE	BARI	MC-3000	1000	0	0	0	0	정상	
7	TV	1A01	1A012	CSVW	Book	4	0	0	0	0	정상	
8	TV	1A01	1A012	CSVW	PDA	20	0	0	0	0	정상	
9	TV	1A01	1A012	CSVW	TV	97	1	0	10	0	정상	
10	CAR	1P01	1P013	ELF	PDA	20	0	0	0	0	정상	

※ 재고 보관 최소단위인 로케이션(셀)별 재고 조회 화면

[그림 6-4] 로케이션별 재고조회 예시

홈 > 리포트 > 시간별 출고 수량　　　　　　　　　　　　　　● 개별 수량 ● 단위별 수량

No	고객사	제품	합계	00 ~ 01 AM	01 ~ 02 AM	02 ~ 03 AM	03 ~ 04 AM	04 ~ 05 AM	05 ~ 06 AM	06 ~ 07 AM
				00 ~ 01 PM	01 ~ 02 PM	02 ~ 03 PM	03 ~ 04 PM	04 ~ 05 PM	05 ~ 06 PM	06 ~ 07 PM
1	ELF	B20050603	10	0	0	0	0	0	0	0
				0	0	0	0	0	10	0
2	KOD	Test1	20	0	0	0	0	0	0	0
				0	0	0	0	0	20	0
3	KOD	Test2	240	0	0	0	0	0	0	0
				0	0	0	0	0	240	0
4	CSVW	TV	18	0	0	0	0	0	0	0
				0	0	0	0	0	0	0

※ 시간대별로 출고수량의 추이를 확인 가능함

[그림 6-5] 시간대별 출고물동량 분석 조회 예시

홈 > 리포트 > 셀 이용

No	셀	수량	금액	부피						
				규격	제품	가용	이용	규격	제품	박스	활
1	1A011	300	0	8000	0	8000	0.00 %	8000	0	0	
2	1A012	2927	3,000	120000	3504	116496	2.92 %	120000	366	0	
3	1A013	480	0	8000	0	8000	0.00 %	8000	0	0	
4	1A021	57	0	16000	0	16000	0.00 %	16000	0	0	
5	1A023	1000	0	8000	0	8000	0.00 %	8000	0	0	
6	1A033	110	0	8000	0	8000	0.00 %	8000	0	0	
7	1A043	20	0	8000	0	8000	0.00 %	8000	0	0	
8	1A053	100	0	8000	2700	5300	33.75 %	8000	300	0	

※ 로케이션별 적재율, 재고금액 등을 확인 가능

[그림 6-6] 로케이션별 이용률 조회 예시

[그림 6-7] 모바일 장비를 활용한 재고조회 화면 예시

나. 재고이동 (Move)

창고에서 입출고 작업이 빈번하게 이루어지다 보면 재고의 분포가 어지럽게 분산되는 경우가 많다. 재고가 분산되어 보관되면 재고 보관 효율성이 떨어지는 문제가 발생되며 작업자가 입출고 시에 이동해야 할 거리가 길어지게 되는 등 작업 생산성이 떨어지는 결과를 초래하게 된다.

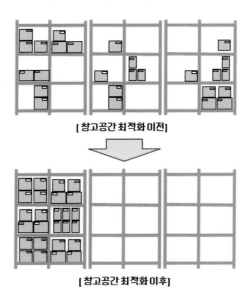

[그림 6-8] 로케이션 재고 최적화 이미지

재고를 효율화하기 위해서는 각 로케이션 간의 재고를 규칙이나 연관성을 고려하여 특정 로케이션에서 로케이션으로 이동(Move)가 필요하다.

창고 공간을 효율적으로 관리하기 위해서는 다음과 같은 로케이션 재고 배치의 원칙을 고려할 필요가 있다. 이 원칙은 재고가 보관되는 시점인 적치(Putaway) 작업부터 미리 고려하고 작업을 수행하는 것이 더 좋다.

구분	내용	비고사항
1	자주 출고되는 재고는 가급적 출고장에 가까운 로케이션에 보관한다.	
2	출고가 빈번한 재고는 높은단(층) 보다는 낮은단(층)에 배치한다.	
3	무거운 제품이 먼저 피킹 될 수 있도록 피킹 순서를 고려하여 재고를 배치한다. (가벼운 제품을 먼저 피킹하면 파손 또는 품질에 문제가 발생될 가능성이 높다)	
4	동일한 상품은 비슷한 위치에 보관하는 것이 좋다. (최근 추세는 출고패턴, 작업 동선을 고려하여 랜덤스토우 방식으로 보관하기도 한다)	
5	동시에 출고되는 품목은 가급적 가까운 위치에 배치한다.	
6	피킹시 혼선을 줄 수 있는 유사한 제품은 가급적 비슷한 로케이션에 배치하지 않는다.	
7	제품의 성격, 수량, 출고추이 등을 고려하여 적절한 보관 설비에 보관한다. -중량물, 대량 입출고 : 펑치, 드라이브인랙 등 -박스 보관, 중간 입출고 추이 : 팔레트랙 -소량 다빈도 : 선반랙, 플로어랙 등	

[그림 6-9] 재고이동시 고려사항

위의 로케이션 재고 배치 고려사항 외에도 과거 입출고 및 작업이력 데이터, 창고의 공간 데이터, 작업자와 설비 등의 투입계획 등을 종합 분석하여 최적의 재고관리를 위해 재고이동을 권고하거나 관리자 등이 필요에 의해 재고 이동을 지시할 수 있다.

재고이동(Move) 작업은 재고이동 지시, 재고확정의 2단계로 프로세스를 구분할 수 있다.

구분	프로세스	내용	모바일 장비활용	출력물
1	재고이동 지시(등록)	-최적화를 위한 자동 재고이동 지시 -관리자에 의한 임의 재고이동 지시 -작업자의 판단에 의한 재고이동 생성	●	로케이션이동 지시서
2	재고이동 확정(실물이동)	-실물 이동 -WMS 시스템에 결과 반영	●	로케이션 이동 LIST

[그림 6-10] 재고이동 프로세스

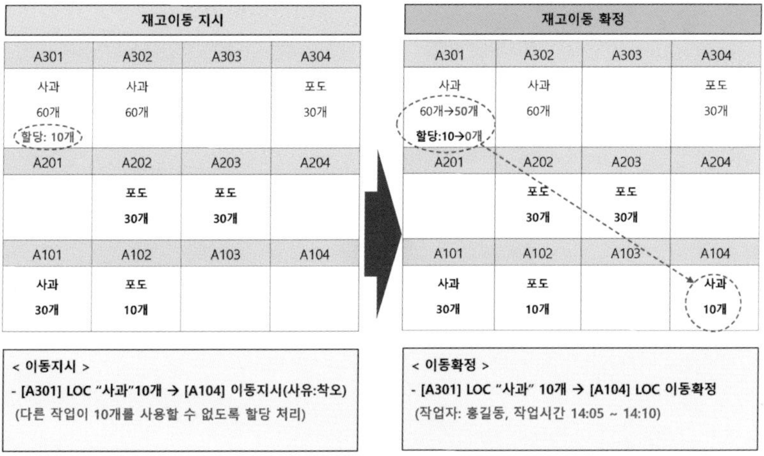

[그림 6-11] 재고이동 예시

재고의 "이동지시"는 창고 최적화를 위해 시스템이 자동으로 지시하거나, 관리자의 필요에 의해 작업자에게 특정 로케이션의 재고를 다른 로케이션으로 옮기라는 작업 지시 데이터가 생성된다.

이동 지시된 수량은 다른 작업에 사용될 수 없도록 할당수량이 증가된다. 재고이동 지시는 작업자에게 출력물이나 모바일 장비를 통해 실시간으로 전달된다.

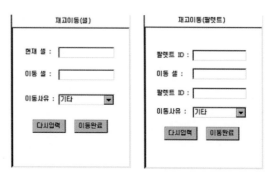

[그림 6-12] 재고이동 모바일 작업 화면 예시

작업지시를 받은 작업자는 지시된 내역에 따라 재고 이동을 하고 모바일 장비 등을 통해 확정 처리를 하면 이동 전 로케이션의 할당수량이 해제되면서 WMS의 재고가 이동 처리된다.

재고이동은 WMS의 전체 재고의 총 수량에는 아무런 변동 없이 창고 내부 로케이션의 재고 위치가 변경된다. 시스템 내부에서는 재고에 대한 모든 변경 이력을 기록 관리하기 때문에 언제 어느 작업자가 어느 제품을 어떤 로케이션에서 몇 개를 이동했고 그 사유에 대해 언제든지 확인할 수 있다.

다. 재고보류 (Inventory hold)

창고에서 보관된 재고가 기간이 경과함에 따라 제품의 외관이 오염, 손상 등으로 제품이 정상적으로 출고해야 할지를 별도의 품질 관련 부서에 확인이 필요한 경우가 있다.

별도 확인 없이 재고가 출고된다면 고객 클레임 등 중대한 문제가 발생될 가능성이 높다.

WMS는 특정제품이나 특정 로케이션, 특정 로트의 재고에 대해 할당(출고지시), 재고이동 등을 할 수 없도록 강제로 통제할 수 있는데 이 기능이 "재고보류(Inventory hold)"이다.

재고보류 범위	재고보류 기능	비고사항
-제품그룹 단위로 보류처리 -제품코드 보류 -제품코드의 특정 로트(LOT) 보류 -존(Zone) 또는 로케이션(LOC) -특정로케이션에 보관되어 있는 일부 재고 ….	-이동금지 처리 -할당(출고지시) 금지 -상태 변경 금지 ….	

※ 재고보류 범위와 기능의 조합으로 다양한 형태로 활용된다.

[그림 6-13] 재고보류 주요 범위 및 기능

[그림 6-14] 재고보류 화면 예시

보류된 재고는 "재고보류 레벨"에 해당하는 작업은 수행하지 못하며 보류 등록이나 해제 시에는 사유와 누가 처리했는지 등의 이력정보를 반드시 기록 관리하는 것이 일반적이다.

라. 상태변경 (등급변경, Inventory status/grade change)

창고에서 보관된 재고가 유통기한이 완전히 경과 되거나 제품의 파손 등이 발생되어 정상적인 판매가 불가능한 경우에는 정상적인 재고와 구분하여 관리가 필요하다.

예를 들어 의류를 관리하는 창고에서 손상이 전혀 없는 완전한 제품은 "A"등급, 간단한 수선을 통해서 판매가 가능하지만 일부 할인이 필요한 제품은 "B"등급", 복구 불가능하여 폐기해야 하는 재고를 "C"등급으로 재고관리 한다고 가정해 보자.

처음에는 모두 "A"등급의 의류를 입고하여 보관하고 있었지만, 입출고 등을 수행하면서 일부 의류는 수선이 필요하거나 아예 복구가 불가능해 폐기를 해야 하는 제품이 발견될 수 있다. 이러한 상황에서 "A"등급의 재고를 "B"등급이나 "C"등급으로 재고의 일부를 전환하는 작업이 "재고 상태변경"이다.

"재고보류"의 경우에는 재고의 상태는 변경하지 않고 일시적으로 할당(출고지시)나 이동을 하지 못하도록 하는데 반해 "상태변경"은 재고의 등급(상태)를 완전히 바꾼다. 등급이 다르다는 것은 전혀 다른 제품으로 취급한다고 봐도 무방하다.

일부 WMS 시스템에서는 등급을 부여 하지 않고 존(Zone)을 나눠서 재고를 구분하여 보관하는 방법을 사용하기도 한다.

상태(등급) 변경 지시			
A301	A302	A303	A304
사과	사과		포도
A등급 50개	A등급 60개		A등급 30개
할당: 20개			
A201	A202	A203	A204
	포도	포도	
	A등급 30개	A등급 30개	
A101	A102	A103	A104
사과	포도		사과
A등급 30개	A등급 10개		A등급 10개

[A301]LOC "사과" A등급 20개
→ "C"등급 전환 후 [A104] 이동지시(사유:파손)
(다른 작업이 20개를 사용할 수 없도록 할당 처리)

상태(등급)변경 확정			
A301	A302	A303	A304
사과	사과		포도
A등급 50→30개	A등급 60개		A등급 30개
할당20→0개			
A201	A202	A203	A204
	포도	포도	
	A등급 30개	A등급 30개	
A101	A102	A103	A104
사과	포도		사과
A등급 30개	A등급 10개		A등급 10개
			C등급 20개

[A301] LOC "사과" A등급 20개
→ "C"등급 전환 확정 후 [A104] LOC 이동처리
(작업자: 홍길동, 작업시간 14:05 ~ 14:10)

[그림 6-15] 재고상태 변경 예시

마. 재고조사 (Inventory taking, Cycle count)

창고 내 재고는 입출고 작업을 하면서 오류나 착오, 분실 등으로 인해 WMS 상의 재고수량과 실제 재고수량이 일치하지 않는 경우가 있다. 이러한 상황에서는 특히, 출고 시에 재고의 불일치로 인해 작업 혼선이 발생될 수 있기 때문에 효율적인 재고조사를 통해 재고를 일치화시키는 노력이 필요하다.

재고조사는 "전수재고조사"와 "수시재고조사"로 구분할 수 있다. 창고 전체에 있는 재고를 한 번에 조사하는 "전수재고조사"방법이 가장 정확한 재고조사 방법이 될 수 있겠지만 창고의 입출고를 완전히 중단시킨 상태에서 해야 하기 때문에 부담이 크다.

구 분	내 용	비고사항
전수재고조사	-창고 전체의 전체 로케이션을 일시에 재고조사	모든 입출고 중지
수시재고조사	-최근 입출고된 로케이션만 재고조사 -가격이 비싼 품목을 우선으로 재고조사 -로케이션 중 일부 수량만 이동된 로케이션만 재고조사 -로케이션별로 주기적으로 재고조사 -제품별로 주기적으로 재고조사 -랜덤하게 선정된 로케이션만 재고조사 -피킹을 하면서 남은 잔량이 정확한지 재고조사 등 ...	입출고 중단없이 수행 가능

[그림 6-16] 제고조사 주요방법

보통 재무적인 목적으로 년 1~2회 정도 "전수재고조사"를 실시하고 나머지는 부담이 적은 "수시재고조사"를 정기 또는 비정기적으로 시행하는 것이 일반적이다. "수시재고조사"는 최근 입출고된 로케이션이나 제품의 가격 등 중요도가 높은 재고 등 다양한 재고조사 기준 및 방법 등 수시재고 조사 기준을 시스템에 입력하면 이를 기준으로 자동으로 재고조사 작업지시 데이터를 생성할 수 있다.

작업자는 지시된 재고조사 지시데이터를 기반으로 로케이션의 실재고 수량을 모바일 장비를 통해 입력 처리한다. 최종적으로 실제 수량과 WMS 재고수량을 비교하면 재고조사 절차는 마무리된다.

구분	프로세스	내용	모바일 장비활용	출력물
1	재고조사 지시 생성	재고실사 기준에 의한 제품, 로케이션 선정		재고실사 지시서
2	재고실사 수행	작업자가 실제 재고 수량 확인 / 입력	●	
3	재고실사 결과 분석	실재고수량과 WMS 수량 차이 원인 분석 및 대책 수립 ※ 재고차이분 재고실사 재확인 필요 ※ 최종 재고차이분 재고조정 처리		재고실사 결과서

[그림 6-17] 재고실사 프로세스

재고실사 후 실재고와 차이가 발생된 경우에는 다시 한번 실재고 수량을 확인 후 차이원인과 대책을 수립하여 추후 재발을 최소화하는 노력이 필요하다. 최종 차이가 발생된 수량은 재고조정, 등급변경 등의 재고관리 프로세스를 통해 재고를 일치시킨다.

[그림 6-18] 재고실사 결과 입력 화면 예시

바. 재고조정 (Inventory adjustment)

창고에서 재고실사나 입출고 과정에서 재고 차이가 발생 될 수 있다. 실물재고와 WMS 시스템의 재고가 일치하지 않으면 출고작업 등에서 혼선이 발생 될 수 밖에 없기 때문에 바로 재고를 일치시키기 위한 "재고조정" 작업을 수행하는 것이 좋다. 그렇다고 WMS에서 바로 재고수량을 일방적으로 변경하면 고객사(화주) ERP 시스템과 재고 차이가 발생되어 또 다른 혼선이 발생될 수 있다.

이러한 상황을 고려하여 WMS에서는 차이수량(재고조정을 해야 할 수량)을 "재고조정 로케이션"에 임시로 이동 처리한다. 바로 WMS의 재고를 변경하지 않고 재고조정 임시 로케이션으로 이동하는 이유는 원인을 규명하는 데 시간이 많이 소요될 수 있기 때문에 먼저 정확한 업무 처리를 위해 실제 운영 가능한 재고를 빠르게 반영하기 위한 목적이 크다.

"재고조정 로케이션"은 입출고 작업 시 제외 되도록 "재고보류"가 설정 되어 있으며 실물과 재고를 일치시키면서도 고객사(화주) ERP 시스템과도 전체적인 수량 차이 없이 운영이 가능한 장점이 있다.

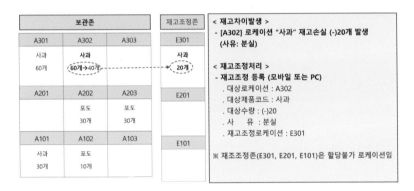

[그림 6-19] 재고조정(감소) 예시

[그림 6-20] 재조조정(증가) 예시

[그림 6-21] 재고조정 등록 화면 예시

재고조정은 "피킹확정" 시에도 자동으로 처리 될 수 있다. 작업자가 피킹을 위해 지시된 로케이션에서 해당 수량을 피킹 하지 못했을 경우 WMS는 자동으로 차이수량(피킹하지 못한 수량)을 재고조정 관련 특정 임시 로케이션으로 재고가 이동 처리된다. 왜냐하면 해당 수량이 그대로 남아 있을 경우 다른 출고오더로 다시 할당(출고지시)되면서 작업에 혼선이 있기 때문이다.

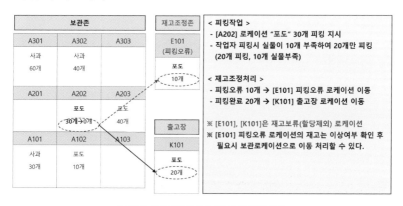

[그림 6-22] 피킹확정시 재고조정 발생 예시

최종적으로 재고조정 관련 임시로케이션에 보관된 재고를 정리해야 한다. 고객사에서는 재고조정(차이분)에 대한 회계 반영이 필요하고 WMS 시스템과 ERP 시스템과의 수량을 일치시키는 작업이다. 고객사(화주)

에 따라 그 절차와 방법은 다를 수 있는데 고객사(화주)에서 재고조정과 관련된 출고오더(증가시 출고반품오더)를 전달받아 이를 처리하는 방식으로 처리한다.

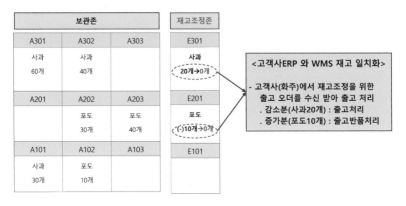

[그림 6-23] 재고조정 임시재고 최종 정리 예시

사. 작업관리 (Job Monitoring)

창고에서는 다수의 작업자들이 입고, 적치, 피킹, 출고, 재고관리 등의 다양한 업무를 모바일 장비 등에 의해 작업 지시를 받아 업무를 수행한

[그림 6-24] 작업관리 화면 예시

다. WMS 시스템에서는 실시간으로 이들 작업들의 작업 진행사항을 모니터링할 수 있다.

작업관리 화면에서 관리자 또는 시스템이 자동으로 작업을 지시할 수 있으며 작업자들은 모바일 장비를 활용하여 확인하고 작업을 수행할 수 있다. 작업관리데이터는 이후 작업자별, 시간대별, 작업유형별로 데이터 분석할 수 있는 기반 자료가 된다.

아. 자동작업지시 (Task Interleaving)

Task interleaving은 "엇갈리게 배치하다"라는 뜻이다. 과학기술용어로는 여러 작업을 동시에 수행하기 위해 작업을 교대로 수행하는 것을 의미한다. 작업의 양과 우선순위 등을 종합적으로 고려하여 동시에 여러 작업을 처리할 수 있는 기능이다.

보통은 작업자가 임의의 작업을 수행할 경우 완전히 작업이 종료되어야 다른 작업을 지시받을 수 있었지만, Task Interleaving을 적용하면 작업자의 현재 작업이 완료되는 시점이나 위치를 기준으로 자동으로 최적의 작업을 바로 지시할 수 있다. 이를 통해 작업자는 추가적인 작업을 지시받기 위해 별도의 이동이나 대기시간 없이 바로 다음 작업을 수행할 수 있어 생산성 향상을 기대할 수 있다.

최근 도입이 활성화되고 있는 물류 로봇의 운영 방식들도 일일이 작업이 끝나면 새로운 작업을 지시하는 것이 아니라 Task Interleaving 기능을 접목하여 대기시간 없이 효율적으로 장비를 운영 할 수 있다.

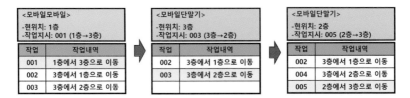

[그림 6-25] Task Interleaving 작업화면 예시

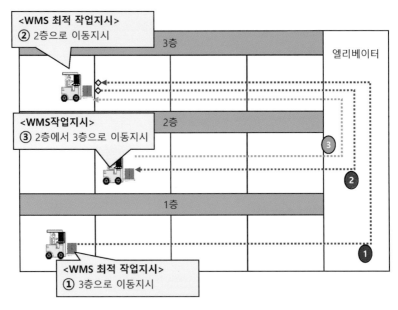

[그림 6-26] Task Interleaving 작업자 이동 동선

[그림 6-25]과 [그림 6-26]에서 현재 작업자가 1층에 있었기 때문에 작업자의 위치에서 가장 가까운 [001] 작업이 지시된다. 작업자가 작업 수행을 완료하면 3층에서 작업할 수 있는 [003] 작업을 다시 지시받

는다. 마지막으로 작업자가 2층에 위치해 있기 때문에 [005] 작업을 지시받게 된다. 결국, 작업자는 불필요하게 층을 이동하지 않고 바로 작업 지시를 받을 수 있어 작업시간을 단축하고 불필요한 이동 거리를 단축 가능하다.

위와 같이 Task Interleaving은 모바일 단말기를 통해 작업자가 직접 작업을 선택하여 수행하는 것이 아니라, WMS 시스템이 작업자의 위치와 작업동선을 전체적으로 고려하여 최적의 작업지시를 수행하는 시스템이라 할 수 있다.

03 재고관리 체크리스트 및 KPI

재고관리 업무와 관련하여 검토해야 할 체크리스트와 KPI 항목을 정리
하였다. 범용적인 내용으로 구성되어 있기 때문에 각 창고의 특성에 맞
게 수정 보완하여 사용하길 바란다.

가. 재고관리 체크리스트 (예시)

순번	내 용	확인/비고
1	재고는 잘 정리되어 있고 청결한가?	
2	재고조사는 주기적으로 잘 시행하고 있는가?	
3	창고내 파손되거나 고장난 설비나 장비는 없는가?	
4	창고내 재고 적재율이나 작업오류률 등은 적정한가?	
5	반품 또는 유통기한 초과 등의 제품이 있는가?	
6	왜래방문자 출입통제 및 기록관리는 잘 되고 있는가?	
7	창고내 흡연 또는 화재의 위험은 없는가?	
8	전표 및 기록양식, 출력물 등은 잘 정리 보관되고 있는가?	
9	표시물이나 안내판 등이 훼손되거나 적지하지 않은 것들이 있는가?	

나. 재고관리 KPI (예시)

구분	계 산 수 식	비고사항
재고정확도 (%)	재고정확도 = 재고실사오류수량 / 총보유재고수량 * 100	
재고회전률	재고회전률 = 당월출고금액 / 월평균재고금액	
재고보유일수	재고보유일수 = 동월일수(30) / 재고회전률	
재고적재률 (%)	재고적재률 = 재고보관된 로케이션수 / 총로케이션수 * 100 재고적재률 = 보관재고수량 / 최대적재수량 * 100	
장기재고률 (%)	장기재고률 = 장기재고금액(6개월이상) / 월평균재고금액 * 100	
불량재고률 (%)	불량재고률 = 불량재고금액(C등급재고금액) / 월평균재고금액 * 100	

CHAPTER
07

크로스도킹

CHAPTER 07

크로스도킹

01 개요

창고에서 재고는 출고작업을 위해서는 꼭 필요하다. 하지만 재고를 지나치게 보유한다면 재고자산이 창고 내에 정체되어 있을 것이고 현금 흐름이 떨어지면서 이익창출에도 악영향을 미칠 것이다. 재고금액 뿐만 아니라 재고관리를 위한 창고 공간, 인력, 차량, 물류장비 등 부가적인 비용까지 수반되기 때문에 재고 수준을 최대한 줄이는 것이 매우 중요한 이슈로 부각되고 있다.

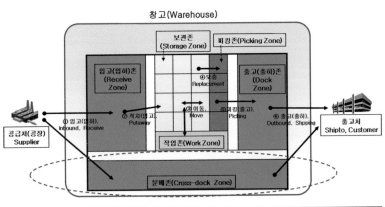

입고	출고	재고	Advanced
ASN→입고→적치 (1,2)	할당→피킹→출고 (4,5,6)	재고이동(3),보류, 재고실사	VAS,C/D, 적정재고,창고 최적화

[그림 7-1] 크로스도킹 프로세스 범위

이에 따라 유통기업 등을 중심으로 창고 내에 재고를 최소한으로 보유하거나 아예 보유하지 않고 공급처에서 필요한 수량만큼을 입고 받아 당일 바로 출고 처리를 할 수 있는 크로스도킹 방식을 운영하는 경우가 많다.

크로스도킹은 재고비용과 입출고 비용을 낮출 수 있는 좋은 방안 중의 하나이지만 긴급 대응이 어려운 문제도 있기 때문에 사전에 충분한 검토가 필요하다.

구분	크로스도킹	재고보관	비고사항
재고보관	X	O	
긴급대응	어려움	가능	
보관장소	소규모 분배장	보관로케이션	
구매비용	비교적 높음 (필요한 만큼 다품목 소량)	비교적 낮음 (향후 출고감안 대량 구매)	
재고비용	낮음	높음	
관리비용	낮음	높음	
재고회전률	높음	낮음	
기타사항	다품종 소량에 유리	소품종 대량에 유리	

[그림 7-2] 크로소도킹과 재고보관 방식 비교

크로스도킹은 출고처(배송처)에서 요청한 수량을 집계하여 공급처에 정해진 일자까지 입고를 요청한다. 공급처는 요청한 일정에 맞추어 정확히 납품하여야 하며 입고된 물량은 적치작업을 거치지 않고 바로 크로스도킹 존으로 이동되어 출고처별로 수량을 배분하게 된다. 입고된 물량이 부족할 경우에는 우선순위에 의해 출고처별로 출고량을 조정할 필요도 있다.

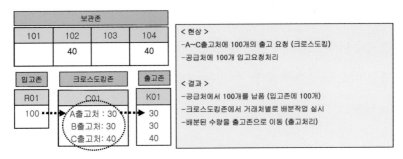

[그림 7-3] 크로스도킹 운영예시

크로스도킹 방식을 분류하면 다음과 같이 사전분류입고, 총량입고, 부족분 재고배분 방식 등이 있으며 이를 응용하여 수행된다.

크로스도킹 방식	내 용	비고사항
사전분류입고 Trans shipment	사전에 출고처별로 분류되어 입고되어 분류 작업 없이 바로 출고 처리	
총량입고/분류 Flow-thru	총량으로 입고되어 별도 분류장에서 출고처별 분류 후 출고 처리	
부족분 재고배분 Merge-in-transit	창고에 일정 수준의 재고를 보유해 놓고 부족분만 입고 후 출고 처리	

[그림 7-4] 크로스도킹 주요 운영방식

02 크로스도킹 주요 운영방식

가. 사전분류입고 (Trans-shipment)

"사전분류입고" 방식은 일반적인 크로스도킹 방식과는 달리 필요한 총수량과 별도로 출고처(배송처) 별로 출고해야 할 수량정보를 함께 전달한다.

공급처에서는 미리 출고처 별로 미리 구분하여 포장 및 납품하는 방식이라 할 수 있다. 즉, 창고에서는 재고를 다시 분류할 필요가 없고 이상여부만 확인하면 되기 때문에 보다 신속한 업무 처리를 할 수 있다.

공급처에서 납품해야 할 수량이 부족한 경우에 출고처별로 물량을 재배분해야 하고 그 결과를 다시 창고에 통보해야 하기 때문에 일반적인 크로스도킹 방식보다는 까다롭고 난이도가 비교적 높은 방식이다.

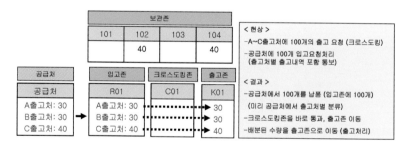

[그림 7-5] 사전분류입고 운영 예시

나. 총량입고분류 (Flow-thru)

"총량입고분류" 방식은 가장 일반적인 크로스도킹 방식의 유형이다. 공급처에서는 요청한 수량을 약속된 시간, 장소에 입고하면 크로스도킹 존에서 실제 출고처별로 수량을 배분하여 출고 처리한다.

입고된 크로스도킹 물량은 작업자에 의해 수작업으로 분배하기보다는 DAS장비(Digital Assorting System)를 도입하거나 자동분류기(Auto Sorter) 장비를 도입하여 활용하여 작업 생산성과 정확도 향상을 꾀할 수 있다.

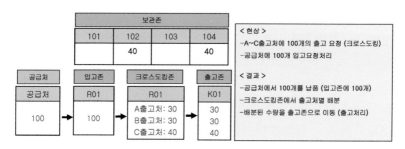

[그림 7-6] 총량입고분류 운영 예시

다. 부족분 재고배분 (Merge-in-transit)

"부족분 재고배분"방식은 "총량입고분류"방식에 보관재고를 일부 활용하는 방식이다. 공급처에서 크로스도킹 물량이 부족하게 입고되거나, 긴급한 출고 요청 건이 발생한 경우 보관 존에 있는 재고를 사용하여 배분 작업을 하는 방식이다.

대부분의 제품이 크로스도킹 방식으로 출고되는 경우에도 보관 로케이션을 일반적인 방법으로 출고 처리하지 않고 크로스도킹 작업 시에 보관 제품들도 함께 배분하여 출고 처리하면 더 효율적이다.

"부족분 재고배분"방식은 기존 크로스도킹 방식에서 다소 어려울 수 있는 긴급 대응이 용이한 장점이 있으며 "총량입고분류"와 마찬가지로 작업자에 의해 수작업으로 분배하기보다는 DAS장비(Digital Assorting System)를 도입하거나 자동분류기(Auto Sorter) 장비를 도입하여 활용하여 작업 생산성과 정확도 향상을 꾀할 수 있다.

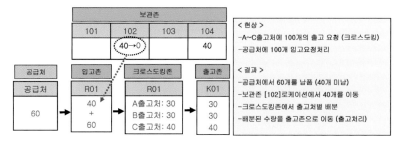

[그림 7-7] 부족분 재고배분 운영 예시

CHAPTER

08

부가서비스

CHAPTER 08

부가서비스

01 개요

창고는 빠른 입출고 처리, 정확한 재고관리를 수행하는 비용을 지출하는 코스트센터로 인식되었으나 점차 창고 내에서 유통가공(조립, 해체, 라벨링, 포장, 가공 등)의 업무를 통해 새로운 부가가치를 창출하고 SCM 관점에서 전체적으로 최적화하는데 많은 역할을 하고 있다.

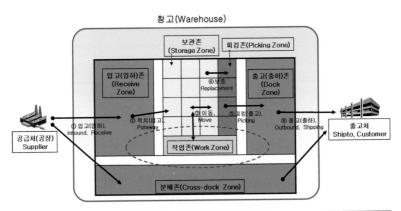

입고	출고	재고	Advanced
ASN→입고→적치 (1,2)	할당→피킹→출고 (4,5,6)	재고이동(3),보류, 재고실사	VAS,C/D, 적정재고,창고 최적화

[그림 8-1] 창고 입출고 연관도

부가서비스에는 다음과 같은 다양한 작업들이 있다. 이 책에서는 주로 조립과 해체와 관련되어 집중적으로 설명할 것이다.

	프로세스	내 용	비고사항
1	조립 (Kitting, Assemble)	부품을 조립하여 완제품 또는 세트 형태의 제품 생산	
2	해체 (Unkitting, Disassemble)	완제품 또는 세트제품을 해체하여 단위 부분품으로 전환	
3	라벨링 (Labeling)	제품 또는 박스 등에 라벨을 제작 부착	
4	포장 (Packing)	고객이 요구하는 형태의 재포장 작업	
5	품질검사 (Quality inspection)	입출고 또는 보관된 외관, 성분 등 품질 검사 수행	
6	테스트 (Functional Testing)	입출고 또는 보관된 제품의 기능 테스트 수행	
7	설치 (Installation)	가전제품, 가구 등의 설치 서비스 관리	
8	회수, 재활용	폐제품 회수, 재활용 관리, 기존제품 재가공 등	
9	주문접수	고객사(화주)를 대신하여 주문 접수 입력 대행	
10	콜센터	고객의 문의사항, AS 접수 등을 대행하고 관리	
11	수금관리	물류업무 외에 대금을 수납하거나 청구	

[그림 8-2] 주요 부가 서비스

부가서비스(유통가공)에 있어 BOM의 개념을 이해하는 것이 중요하다. BOM은 "Bill of Materials"의 약자로 "부품목록"을 뜻한다. 제품을 구성하는 모든 부품의 종류와 수량, 품질, 위치 등의 정보를 포함한다.

구분	싱글레벨 BOM	멀티레벨 BOM	비고사항
구성	제품A (1개) ↓ 부품B (3개) 부품C (1개)	제품A (1개) ↓ 부품B (3개) 부품C (1개) ↓ 부품D (2개) 부품E (1개)	
	제품 A 1개 = 부품 B 3개 + 부품C 1개	1단계 : 제품A 1개 = 부품B 3개 + 부품C 1개 2단계 : 부품B 1개 = 부품D 2개 + 부품E 1개	
특징	-구성이 단순하고 관리 용이	-제품의 구성 형태를 세부적이고 명확히 표현 -다소 관리와 구현이 어려움	

[그림 8-3] BOM 구성 예시

BOM은 조립이나 해체 작업 시 필수적으로 활용되는 기준정보 항목이며 싱글레벨과 멀티레벨 형태로 구성할 수 있다.

가. 조립 (Kitting, Assemble)

조립은 제품을 구성하는 여러 개의 부품을 조합하여 완성품으로 만드는 작업이다. 세트 조립의 작업을 효율적으로 수행하기 위해서는 사전에 세트조립 계획을 수립하고 관리하는 것이 중요하다. 세트조립에 필요한 제품의 정보를 파악하고 세트 조립에 필요한 부품의 종료, 수량, 위치, 수급현황 등을 확인하고 관련되는 장비, 인력 등을 검토해야 한다.

[그림 8-4] 조립해체 관련 작업장 전경

순서	프로세스	세부설명	무선RF 장비활용	출력물	비고사항
1	BOM등록	제품구성정보(BOM) 등록		BOM등록요청서	
2	조립작업지시	조립작업 지시 (수량 및 작업장 지시)		조립 지시서	
3	부분품 이동지시(Move)	부품을 조립작업장으로 이동지시	●	이동지시서	
4	부분품 이동작업/완료	이동작업 수행 / 완료	●		
5	조립작업 지시	조립작업 지시	●	조립지시서	
7	조립작업/완료	조립작업 완료 (완성품 생성, 부품 (-))	●		
8	조립품 이동(Move)	보관 / 출고존으로 이동	●	이동지시서	

[그림 8-5] 조립작업 주요 프로세스

조립작업은 BOM을 기준으로 조립해야 할 작업일시, 작업자, 대상제품, 수량 등을 입력하여 작업 지시를 생성하는 것에서부터 시작한다.

부분품이 보관되어 있는 로케이션에서 지시된 작업장으로 재고가 이동되고 실제 조립 작업을 거쳐 새로운 완성품 재고가 생성(+)되며 완성품에 투입된 부분품의 재고는 감소(-) 된다. 여러 종류의 부품이 투입되는 만큼 부품을 투입하기 전에 품질 등 이상여부 등을 점검하는 과정도 중요하다.

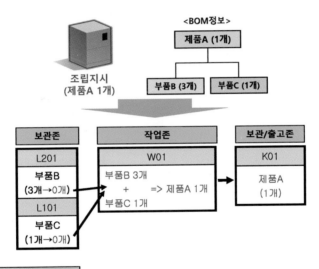

[그림 8-6] 조립작업 운영 예시

나. 해체 (Unkitting, Disassemble)

해체작업은 조립의 반대되는 개념으로 완성품을 다시 여러 개의 부품으로 해체하는 것을 말한다.

해체작업 역시 세트조립과 같은 개념으로 사전에 계획을 수립하고 이와 관련된 소요현황, 장비, 인력 등을 종합적으로 검토하고 관리해야 한다.

순서	프로세스	세부설명	무선RF 장비활용	출력물	비고사항
1	BOM등록	제품구성정보(BOM) 등록		BOM등록요청서	
2	해체작업지시	해체작업 지시 (수량 및 작업장 지시)		조립 지시서	
3	완성품 이동지시(Move)	완성품을 조립작업장으로 이동지시	●	이동지시서	
4	완성품 이동작업/완료	이동작업 수행 / 완료	●		
5	해체작업 지시	해체작업 지시	●	조립지시서	
7	해체작업/완료	해체작업 완료 (부분품 생성, 완성품 (-))	●		
8	완성품 이동(Move)	보관 / 출고존으로 이동	●	이동지시서	

[그림 8-7] 해체작업 주요 프로세스

해체작업 역시 BOM을 기준으로 조립해야 할 작업일시, 작업자, 대상제품, 수량 등을 입력하여 작업 지시를 생성하는 것에서부터 시작한다.

해체를 해야 할 완성품이 보관되어 있는 로케이션에서 지시된 작업장으로 재고가 이동되고 실제 해체 작업을 거쳐 새로운 부분품 재고가 생성(+)되며 완성품의 재고는 감소(-)된다.

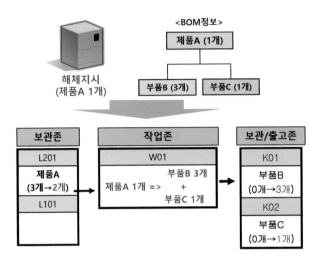

<< BOM정보 >

제품A (1개)

부품B (3개)   부품C (1개)

해체지시
(제품A 1개)

보관존	작업존	보관/출고존
L201	W01	K01
제품A (3개→2개)	제품A 1개 => 부품B 3개 + 부품C 1개	부품B (0개→3개)
L101		K02
		부품C (0개→1개)

< 입출고전표 >

구분	전표번호	제품	수량	로케이션	비고사항
해체입고	001-1	부품B	3	W01	재고증가(+)
해체입고	001-1	부품C	1	W01	
해체출고	001-1	제품A	1	K01	재고감소(-)

[그림 8-8] 해체작업 운영 예시

CHAPTER
09

권한보안관리

CHAPTER
09

권한보안관리

01 개요

관리자, 작업자, 고객사(화주) 등 다양한 이해 관계자들이 WMS 시스템에 접속하여 필요한 작업을 수행한다.

WMS에는 창고에서 일어나는 제품과 출고처(배송처)별 수량과 금액, 공급사별 입고현황 등 기업 입장에서 매우 중요도가 높은 자료들이 많이 포함되어 있기 때문에 데이터에 대한 보안관리가 매우 중요하다.

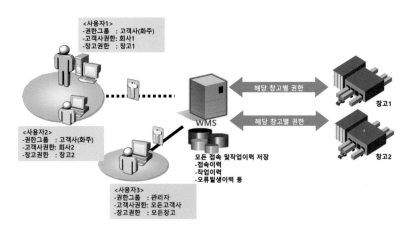

[그림 9-1] 권한관리 개념도

WMS 시스템은 정보의 접근을 제한하기 위해 각 사용자에게 사용자 "아이디"와 "비밀번호"를 부여하고 비슷한 업무를 수행하는 사용자를 묶어서 "사용자그룹"을 관리하기도 한다.

아이디 또는 사용자그룹에 접근(사용) 가능한 창고권한, 프로그램 사용권한, 고객사(화주)권한, 제품권한 등을 부여한다. 즉, 사용자들은 사전에 권한이 허용된 창고, 프로그램, 고객사(화주), 제품 등에만 접근(사용)이 가능하고 나머지 허용되지 않은 정보들은 볼 수 없도록 권한관리를 통해 통제 관리된다.

구분	내 용	비고사항
권한 부여 대상	창고, 프로그램, 고객사(화주), 제품	
권한 범위	조회, 입력, 수정, 삭제, 실행, 엑셀다운로드, 출력 등	

[그림 9-2] 권한부여 대상 및 범위

권한관리를 통해 접속된 사용자가 실제 접속하고 조회하거나 입력, 수정, 삭제 및 처리작업을 수행한 대부분의 작업 이력을 시스템에서 기록 관리한다.

만약, 허용되지 않는 창고나 고객사에 접근한 경우에도 오류 이력사항에 저장 관리된다. 이렇게 저장된 작업이력 데이터는 정기 또는 수시로 보안 관련 문제점 파악 등의 다양한 용도로 활용할 수 있다.

WMS 관련 서버, 네트워크 등의 시스템 인프라에도 VPN(Virtual Private Network, 가상사설망), 방화벽(Firewall), 랜섬웨어(Ransomware) 방지시스템, IDS(Intrusion Detection System, 침입탐지시스템), IPS(Intrusion Prevention System, 침입방지시스템) 등의 다양한 보안 시스템들을 도입하여 보안을 강화하고 있다.

02 사용자 및 그룹관리

가. 사용자

WMS 시스템을 사용하기 위해서는 반드시 사용자 아이디가 필요하다. 사용자는 크게 작업자, 관리자, 외부 접속사(고객사, 화주, 출고처, 배송처 담당자 등)로 그룹화할 수 있다.

사용자 기준정보에는 사용자 아이디, 암호화된 비밀번호, 이름, 소속, 사용자 유형, 등록일, 종료일 등의 기본적인 정보 외에 사용 가능한 복수 개의 창고, 프로그램, 고객사(화주), 제품 등에 대한 권한을 부여받을 수 있다.

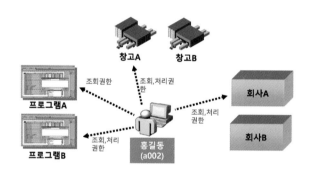

사용자	아이디	사용자명	비밀번호	사용자그룹	사용여부	....	등록일시	수정일시
	a002	홍길동	******	그룹A	Y		2023-10-21	2023-10-25

창고 권한	아이디	창고코드	권한	사용여부	등록일시	수정일시
	a002	창고A	조회,처리	Y	2023-10-21	2023-10-25

회사 권한	아이디	회사코드	권한	사용여부	등록일시	수정일시
	a002	회사A	조회,처리	Y	2023-10-21	2023-10-25

프로그램 권한	아이디	프로그램	권한	사용여부	등록일시	수정일시
	a002	프로그램A	조회	Y	2023-10-21	2023-10-25
	a002	프로그램B	조회,처리	Y	2023-10-21	2023-10-25

[그림 9-3] 사용자권한 설정 예시

사용자의 비밀번호는 시스템의 관리자도 알 수 없도록 암호화를 수행하고 주기적으로 비밀번호를 변경하도록 강제하거나 권고하는 것이 좋다.

비밀번호는 외부에 노출되면 보안 사고로 이어질 경우가 많기 때문에 인터넷뱅킹 시스템에서와 같이 별도 인증시스템을 도입하거나 OTP(One Time Password)나 이메일을 통한 추가 인증 등 다양한 방식으로 보안을 강화할 수 있다.

나. 사용자그룹

프로그램, 창고, 고객사(화주) 등에 관련된 권한을 사용자별로 한사람, 한사람에게 각각 권한을 부여할 경우 입력해야 할 항목이나 내용이 많아 불편하기 때문에 사용자 아이디의 상위 개념인 사용자그룹을 관리하는 경우가 많다.

사용자그룹을 등록하고 프로그램, 창고, 고객사(화주) 등의 권한을 사용자그룹에 부여하는 방법이다. 사용자 등록 시에는 사용자그룹이 어디인지를 등록해 주면 일일이 프로그램, 창고, 고객사(화주)에 대한 권한을 부여할 필요가 없기 때문에 편리하다.

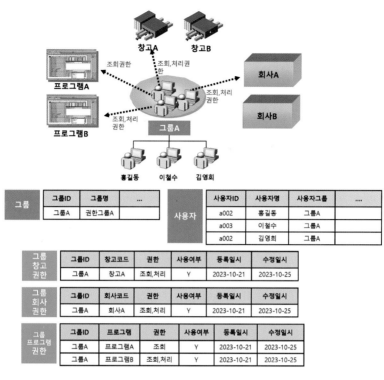

그룹	그룹ID	그룹명	...
	그룹A	권한그룹A	

사용자	사용자ID	사용자명	사용자그룹	....
	a002	홍길동	그룹A	
	a003	이철수	그룹A	
	a002	김영희	그룹A	

그룹 창고 권한	그룹ID	창고코드	권한	사용여부	등록일시	수정일시
	그룹A	창고A	조회,처리	Y	2023-10-21	2023-10-25

그룹 회사 권한	그룹ID	회사코드	권한	사용여부	등록일시	수정일시
	그룹A	회사A	조회,처리	Y	2023-10-21	2023-10-25

그룹 프로그램 권한	그룹ID	프로그램	권한	사용여부	등록일시	수정일시
	그룹A	프로그램A	조회	Y	2023-10-21	2023-10-25
	그룹A	프로그램B	조회,처리	Y	2023-10-21	2023-10-25

[그림 9-4] 사용자그룹 권한관리 예시

WMS 시스템에서는 어떤 사용자가 시스템에 접속하여 어떠한 작업을 수행하거나 조회를 했는지에 대해 이력을 관리한다. 이력정보는 사용자의 접속에 관련된 "접속이력", 조회나 처리에 관련된 "실행이력", 어떤 문서를 출력했는지를 확인할 수 있는 "출력이력" 그리고 시스템의 오류사항 등을 기록 관리하는 "시스템이력" 등으로 구분 관리된다.

구분	내 용	비고사항
접속이력	사용자의 접속관련 성공, 실패 내용 등을 기록	
실행이력	작업자가 실행한 조회, 입력, 처리 등의 처리 내용을 기록	
출력이력	사용자가 출력한 양식, 출력일시 등을 기록함	
시스템이력	시스템의 관리하는 작업내역, 오류내역 등을 관리 기록함	

[그림 9-5] 주요 작업이력 유형

이러한 이력정보에는 보통 누가 어디서 언제 무엇을 했는지 사용자ID, 공인IP주소, 사설IP주소, PC명, MAC주소, 실행시간 등의 정보가 필수적으로 포함된다. 이력정보는 보통 검증작업, 작업실적분석, 오류의 원인규명 등을 위해 활용되고 있다.

가. 시스템 접근 및 통제에 대한 검증

비인가 된 사용자가 접속을 시도하거나 인증되지 않은 정보에 대해 접근을 시도하는 경우가 있는지 파악하기 위해 "접속이력", "실행이력" 등 데이터를 분석할 수 있다. 특히 다음과 같은 문제가 있는지 중점적으로 확인하는 것이 중요하다.

- 퇴사자나 장기 미접속자의 로그인 시도 이력이 있는지 확인
- 비밀번호 오류가 자주 발생된 아이디 확인
- 접근이 허용되지 않은 창고, 고객사(화주)의 데이터 접근을 시도하였는지 확인
- 허용되지 않은 IP주소, PC로 접속이 되었는지 확인 (특히, 해외 IP)
- 과거 평균 사용량을 초과한 실행 또는 출력이 발생한 경우
- 근무하지 않는 시간대인 새벽, 야간시간대에 접속한 이력 등

나. 작업자별 실적분석

입고, 적치, 피킹, 출고, 재고관리 등의 모든 작업자들의 작업들은 누가 언제 작업을 수행했는지의 이력이 시스템에 실시간으로 저장된다. 작업이력(실행이력) 데이터를 기반으로 작업자들의 작업 실적을 분석하면 작업자별로 작업시간, 투입작업내역, 생산성이나 작업오류률 등의 다양한 분석 정보를 생성할 수 있다. 이를 기반으로 성과 보상이나 프로세스 개선 등에 활용할 수 있다.

다. 작업 오류 원인 규명

과거 종이 출력물에 의존하여 작업한 경우가 많았기 때문에 작업 이력을 제대로 남길 수 없어 문제가 발생해도 그 문제가 왜 발생되었는지 확인하기 어려웠지만 무선네트워크가 발전하고 모바일 장비가 적극 보급되면서 실시간으로 각종 이력정보와 작업 결과를 시스템에 실시간 반영이 가능하다.

이를 기반으로 오류가 발생되면 어떠한 상황에서 어떠한 문제 때문에 오류가 발생되었는지 과거 시점의 상황 재연이 가능해졌고 이를 기반으로 예방 대책을 수립하고 이를 반영하여 프로세스를 개선 하는데 적극적으로 활용되고 있다.

인터페이스

CHAPTER
10

인터페이스

01 개요

인터페이스는 서로 다른 시스템 간의 정보교환(데이터 공유 작업요청, 결과회신 등)을 말한다. 인터페이스를 통해 다른 시스템의 데이터를 받아들이고 자신의 데이터를 다른 시스템에 제공할 수 있다.

WMS는 다양한 시스템과 연결되어 있다. 과거에는 ERP 시스템이나 OMS 시스템에서 주로 입출고 관련 지시데이터를 인터페이스 하거나

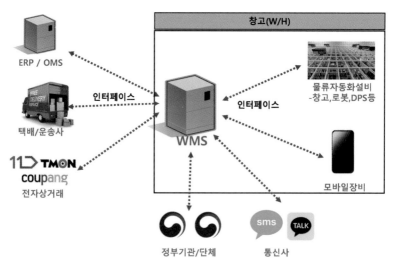

[그림 10-1] 인터페이스 개념도

창고 내 자동화 설비들과의 인터페이스가 주를 이루었으나 최근에는 정부 기관이나 관련 단체와의 법률, 규정, 정책 등을 준수하기 위해 각종 물류실적들을 인터페이스하고 전자상거래(B2C)의 급속한 확산으로 전자상거래업체나 택배 운송사와의 인터페이스가 매우 필수적으로 자리 잡고 있다.

02 인터페이스 방식

시스템 인터페이스 연결에는 다른 시스템과 직접 인터페이스 하는 방식과 전문솔루션을 활용한 방식으로 구분할 수 있다. 인터페이스를 해야 할 데이터의 양과 처리 속도, 시스템의 종류, 구현비용이나 유지보수비용 등을 종합적으로 고려하여 적절한 인터페이스 방식을 결정하면 된다.

구 분	직접연결	솔루션활용방식 (간접 중계 연결)	비고사항
정 의	WMS와 다른 시스템을 직접 연결하여 데이터를 교환하는 방식	EAI(Enterprise Application Integration) 등 전문 솔루션을 사용하여 WMS와 다른 시스템 간의 데이터를 교환하는 방식	
특징(장점)	-구현이 간단하다 -비용이 저렴하다 -데이터 처리속도가 빠르다	-데이터 양이나 복잡도 높아도 처리가 용이함 -시스템 확장이 쉽다 -다수 시스템과 인터페이스 용이 -데이터의 신뢰성이 높음	
단 점	-데이터 양이나 복잡도가 높으면 어려움 -시스템 확장이 어렵다 -다수 시스템 인터페이스시 복잡도 높음	-구현이 복잡하다 -비용이 상대적으로 높다 -데이터 처리속도가 상대적으로 느릴수 있다	

[그림 10-2] WMS 인터페이스 방식 비교

실제 데이터를 교환하는 방식도 DB를 기반으로 상호 데이터를 교환하는 방식부터 XML, EDI, FTP, WebService 방식 그리고 수동으로 사용자가 직접 파일을 업로드 하는 방식까지 다양한 형태로 이루어진다.

방법	세부설명	비고사항
DB2DB	오픈 서버 상의 DB에 대한 Link를 통한 Interface	
XML	오픈 서버를 경유한 XML 양식의 Interface	
EDI	상호 정의된 표준문서를 기반으로 전자문서 교환	
FTP	FTP를 통한 Flat File Interface	
WebSevice	웹 환경(SOAP, AJAX)에서의 정보 Interface	
File upload	담당자가 엑셀파일 또는 텍스트 파일을 업로드 하여 정보를 전송	

[그림 10-3] 인터페이스 데이터 교환 방법

가. 직접연결

WMS 시스템과 인터페이스 해야 할 시스템이 중간 매개체 없이 직접적으로 연결하여 상호 데이터를 주고받는 방식이다.

이 방식은 연계해야 할 시스템만을 고려하면 되기 때문에 구현이 간단하고 비용이 저렴한 장점이 있지만 여러 시스템과 동시에 인터페이스할 경우에는 복잡도가 높아지는 단점이 있다.

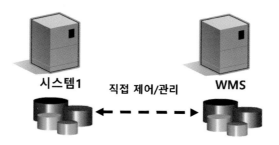

[그림 10-4] 직접 연계 인터페이스 방식

나. 솔루션 연계 방식

WMS 시스템과 인터페이스 해야 할 시스템 중간에 EAI(Enterprise Application Integration)서버나 ESB(Enterprise Service Bus)와 같은 전문솔루션이 중계를 해 주는 방식이다.

이 방식은 비용이나 복잡도는 다소 높을 수 있으나 오류가 발생될 경우 대처가 비교적 용이하고 여러 시스템과의 인터페이스를 통합할 수 있는 확장성이 높은 장점이 있다.

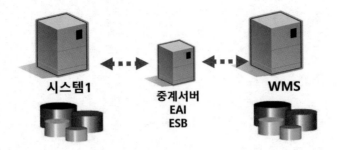

[그림 10-5] 솔루션 연계 인터페이스 방식

가. ERP 및 OMS 인터페이스

인터페이스 하고자 하는 시스템의 특성이나 물류 환경에 따라 인터페이스 하는 대상이나 내용은 매우 다양하다.

ERP 시스템이나 OMS 시스템과의 인터페이스에서는 주로 기준정보와 출고지시, 입고지시 등의 작업을 수행 하기 위한 요청정보를 수신받고 이를 처리하고 그 결과를 다시 ERP 시스템이나 OMS시스템으로 송신한다.

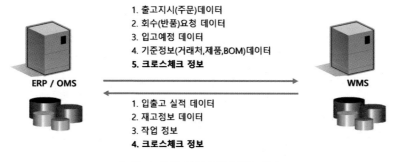

[그림 10-6] ERP/OMS 인터페이스 예시

나. 전자상거래 인터페이스

최근에는 고객사(화주)를 대신하여 수많은 전자상거래업체들과 직접 주문정보를 접수하고 이를 기반으로 직접 출고처(배송처, 개인고객)에 직접 출고(택배) 후 이와 관련된 각종 택배송장번호, 재고정보 등을 고객사(화주), 전자상거래 업체 등과 정보를 인터페이스 하는 경우가 많다.

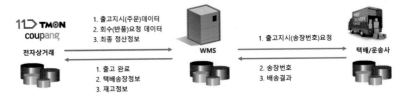

[그림 10-7] 전자상거래, 운송사 인터페이스 예시

다. 물류자동화 인터페이스

창고 내에 자동 창고, 소터, 로봇 등의 설비와 IOT(Internet of Things) 등 다양한 설비와의 다양한 인터페이스를 진행한다.

다른 인터페이스에 비해 물류자동화 설비와의 인터페이스는 주고받는 데이터의 형태는 단순하지만 빈번하게 데이터 처리를 해야 하기 때문에 실시간성, 정확성이 요구되기 때문에 WCS(Warehouse Control System)이 라는 별도의 전문화된 솔루션(모듈)을 도입 운영되는 경우가 많다.

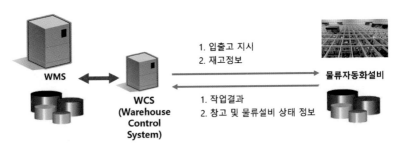

[그림 10-8] 물류자동화 설비 인터페이스 예시

구 분	내 용	비고사항
자원관리	-창고내 각종 물류설비(자동창고, 컨베이어, 로봇, 지게차 등)의 작업상태를 모니터링하고 이동경로 등을 추적 관리한다.	
설비제어	-창고내 컨베이어, 로봇, 분류기 등 자동화 설비를 직접 제어하고 작업을 수행한다. ※ 다양한 물류설비와의 인터페이스 표준 보유	

[그림 10-9] WCS 주요 기능

04 인터페이스 검토사항

가. 수정 및 취소에 대한 검토

인터페이스가 완료된 데이터를 변경이나 수정해야 할 경우 등 예외사항에 대한 충분한 고려가 필요하다. 인터페이스의 특성 상 전송된 데이터에 대한 변경이나 취소에 대한 프로세스를 개발이 정상적으로 처리되는 인터페이스보다 훨씬 난이도가 높고 어렵다. 따라서 수정 또는 취소가 가능한 시점과 처리 방법 등 충분한 기술적 검토가 필요하다.

구분	내 용	비고사항
수정 취소 인터페이스 개발	-별도 수정 또는 취소에 대한 인터페이스를 개발하여 처리한다. -인터페이스 항목이 많아지고 복잡해 지는 문제가 있다. ※ 수정 취소가 정상적으로 처리되었는지 결과 인터페이스 개발 필요	
수기처리	-오류분에 대해 각 시스템에서 수작업으로 처리 ※ 수정, 취소의 경우가 극히 적고 개발이 어려운 경우 검토 가능	

[그림 10-10] 수정/취소 인터페이스 처리 방안

나. 충분한 테스트 및 검토

인터페이스 개발은 보통 수개월 이상의 개발 기간이 소요되고 서로 다른 시스템과 이해 관계자들이 연계되어 있기 때문에 검토해야 할 문제들이 많다.

시스템 개발 시에는 인터페이스의 기능요건, 성능요건, 보안관련 요건 등 구체적인 요구사항과 이를 제대로 반영했는지에 대한 충분한 테스트를 진행해야 한다.

구 분	내 용	비고사항
기 능	-인터페이스 기능요구사항 충족 여부 -데이터 입력 및 출력이 정상적으로 이루어지는지 -오류 처리가 정상적으로 이루어 지는지	
성 능	-데이터 처리속도가 요구 범위내인지 검토 -안정적으로 작동여부	
성 능	-사용자 인증 및 권한 관리 등에 문제 없는지 테스트 -데이터 암호화 등 보안 사항 점검	
유지보수	-코드가 체계적으로 작성 되었는지 -향후 확장, 변경시 문제가 없는지 검토	

[그림 10-11] 주요 테스트 및 검토사항

다. 다양한 인터페이스 확장성

WMS 시스템에 연결된 시스템들이 많아지고 이들 시스템들이 요구하는 인터페이스 항목들이 복잡해지면서 이를 수용하기 위해서는 인터페이스의 확장성이 중요하다.

이를 위해 WMS 시스템과 별도로 EAI(Enterprise Application Integration)이나 ESB(Enterprise Service Bus)와 같은 상용 인터페이스 전용 솔루션 등을 도입하여 확장성 있도록 인프라를 구성하는 경우가 많다.

라. 인터페이스 검증 체계

인터페이스는 이기종 간의 정보교환이기 때문에 여러 가지 내외부적인 문제들로 인해 오류가 발생될 가능성이 높다.

이 때문에 각 시스템 간 재고 또는 입출고 실적 등의 데이터가 불일치되는 경우가 발생된다.

이러한 문제를 예방하기 위해 각 시스템 간의 인터페이스 결과를 검증할 수 있도록 별도 체계를 구축하는 것이 매우 중요하다.

가시성(Visibility)

CHAPTER 11

가시성 (Visibility)

01 개요

인류의 역사나 지구상 생명체의 탄생과 멸종의 과정을 살펴보면 가장 강한 종이나 가장 똑똑한 종이 살아남는 것이 아니라 환경의 변화에 가장 빨리 반응하고 적응하는 종이 살아남는다는 결론을 얻을 수 있다. 매우 빠르게 급변하고 있는 비즈니스 환경에서 기업이 살아남기 위해서는 현 상황을 빠르게 파악하고 이를 비즈니스에 반영하는 변화 노력이 무엇보다 중요하다.

2005년 기업에서 조사한 설문 결과에서 IT 개선을 위한 투자 부문 중에 가장 시급한 분야로 뽑힌 분야 중 하나가 실시간 비즈니스 성과 모니터링, 즉, 가시성(Visibility) 시스템을 구축하는 것이었는데 수십 년이 지난 지금까지도 BW(Business Warehouse), BI(Business Intelligence) 등 용어는 일부 바뀌었지만 역시 가시성(Visibility)를 확보하는 부문이 여전히 꼽히고 있다.

물류적 관점에서 가시성을 살펴보면 공급처, 생산공장, 물류센터(창고), 매장, 소비자에 이르기까지 각 단계별 시점별로 정확한 재고량, 재고의 위치, 재고의 흐름에 대해 모니터링하고 이를 기반으로 재고를 관리하고 프로세스를 개선하는 일련의 업무를 가시성(Visibility)라 할 수 있다.

최근 기업들의 글로벌 경영전략과 B2C의 소비자 위주의 시장환경을 변화로 물류 환경은 더욱 글로벌하고 분산되고 복잡해지고 있다. 물류기업들 역시 다양한 화주기업과의 협업을 위해 정보공유와 활용이 물류업체의 필수적인 역량으로 대두되었다.

02 WMS 주요 제공 항목

가시성 확보는 시스템의 효율성, 고객 만족도, 비용 절감 등에 기여할 수 있는 중요한 기능이다. WMS 시스템에서 가시성을 제공하기 위해서는 실시간으로 데이터를 수집하고 관리된 데이터를 기반으로 데이터를 분석하고 이를 시각화 또는 의미 있는 정보로 가공하는 작업이 중요하다.

WMS는 창고 실제 창고에 상황을 언제든지 시스템을 통해서 확인할 수 있고 재고의 흐름을 추적할 수 있으며 창고에서 발생된 문제를 즉시 확인하거나 사전에 인지하고 미리 예방할 수 있는 체계를 구축할 수 있다.

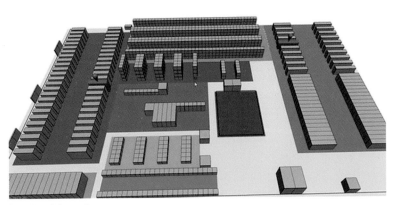

https://www.infor.com/

[그림 11-1] WMS Visibility 화면 예시

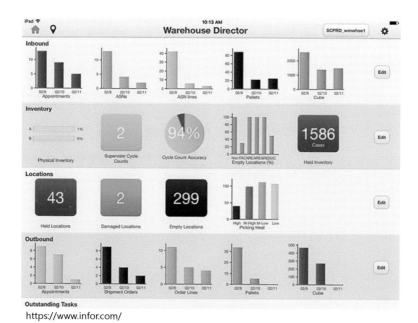

https://www.infor.com/

[그림 11-2] WMS Dashboard 예시

03 Visibility 추진단계

가시성(Visibility)는 다양하고 복잡한 시스템이 서로 얽혀서 관련 업무를 수행하고 있어 데이터를 통합하기 어렵고 다양한 형태와 구조로 복잡하게 분산되어 있기 때문에 구현이 매우 까다롭고 어려움이 따른다. 최적의 가시성을 확보하기 위해서는 다음과 같은 성숙도 모델을 기반으로 단계적으로 접근하는 전략이 필요하다.

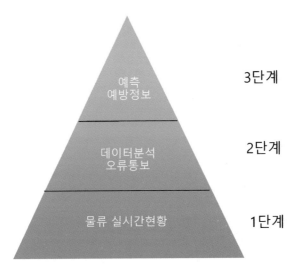

[그림 11-3] WMS 가시성 단계적 구축 방안

가. 1단계 : 물류 실시간 현황

가시성을 확보하기 위한 가장 기본적인 단계이다. WMS 시스템 내 실시간으로 움직이는 작업자와 재고 정보 등을 수집 파악하고 이를 기반으로 현황 위주의 분석 데이터를 제공하는 단계이다.

구 분	내 용	비고사항
현황정보	-재고정보 : 현재고, 기간별 입출고, 로케이션별 재고현황 등 -입출고관련 : 입출고 작업건수, 입출고작업량, 오류물동량 등 -인원 및 장비현황 : 투입인원, 장비대수, 투입시간, 실작업시간 등	
추적정보	-입고진행 : 입고예정 → 입고진행 → 입고확정 → 적치 → 최종완료 -출고진행 : 출고예정 → 출고지시(할당) → 피킹 → 검수 → 상차 → 출고확정 -제품 또는 로트별 입출고 이력 추적 -작업자, 지게차, 로봇 등 위치 및 상태 추적	

[그림 11-4] 물류 실시간 주요항목 예시

나. 2단계 : 데이터 분석 / 오류통보

데이터분석 / 오류통보를 하기 위해서는 1단계에서 데이터가 정제되고 충분히 확보 되어야한다. 이를 기반으로 데이터를 집계 분석하여 우리가 일반적으로 알고 있는 대쉬보드 또는 KPI 등의 형태로 정제된 데이터를 제공한다. 또한, 제품 재고부족 등의 중요한 오류 사항이 발생 시에는 즉시 관리자 등에 통보하는 기능도 이에 포함될 수 있을 것이다.

구 분	내 용	비고사항
실적정보	-입출고 충족률, 리드타임, 오류 및 미입고률 등 -재고회전일, 적재률, 재고차이률 등 -입고, 적치 생산성, 출고 생산성, 유통가공, 재고관리 생산성 측정	
예외정보	-미처리 및 누락오더 확인 -재고보유량 과다 및 부족 정보 -장비, 작업자 생산성 측정 및 효율 분석 정보 등	

[그림 11-5] 데이터분석 / 오류통보 주요항목 예시

다. 3단계 : 예측 / 예방정보

가장 진보된 형태의 단계이다. WMS에서 발생되고 축적된 데이터와 향후 물동량이나 외부 환경인 날씨, 마케팅, 영업, 재무 등 전사적인 상황

을 종합적으로 판단하여 보다 정확도 높은 데이터 분석하고 향후 문제가 발생될 사항을 예측하고 예방을 할 수 있는 정보를 제공하는 단계이다. 복잡도가 높은 만큼 빅데이터 분석이나 인공지능 등의 최신 IT기술들의 적용이 필요한 단계이다.

구 분	내 용	비고사항
예측정보	-물동량 분석 및 향후 물동량 예측 -작업자 생산성 측정 및 소요인력 예측 -영업, 마케팅 데이터 기반 결품, 과잉재고 예측	
예방정보	-작업자 안전사고 위험지역 분석 통보 -작업 오류 분석을 통해 제품 재배치를 통해 오류 예방 -작업자 맥박, 체온, 이동거리 분석을 통해 안전사고 발생 우려 통보	

[그림 11-6] 예측 / 예방정보 주요항목 예시

04 ▶ 가시성 관련 고려사항

가시성 관련 개발을 하다 보면 데이터의 정확도가 떨어져 신뢰할 수 없는 정보를 제공하거나 불필요한 정보를 수집하여 구축 시 어려움을 겪는 경우가 많이 있다. 가시성 관련하여 다음과 같은 고려사항을 정리하였다.

가. 실현 가능한 영역부터 적용

모든 정보시스템의 기능은 저마다 한계를 가지고 있다. 특히나 Visibility 정보는 관련 시스템에서 정보를 취득하여 분석, 가공하는 구조이다 보니 관련된 정보시스템의 한계에 매우 종속적이다.

즉, 아무리 다양하고 필요한 Visibility 정보를 제공하기 위해 시스템을 설계하고 구축한다고 하더라도 시스템에서 그 데이터를 관리하지 않거나 제공할 수 없는 상황이라면 Visibility 시스템은 해당 정보를 제공할 수 없다. 결국 원하는 정보를 볼 수 없거나 왜곡된 정보를 제공함으로 인해 사용자로부터 외면을 받을 수 밖에 없다.

WMS 시스템은 가시성의 확보를 위해 물류 현장에서 다양하게 발생되는 현장정보를 실시간으로 데이터베이스화 할 수 있는 현실 가능한 항목을 선정하고 이를 기반으로 점차적으로 개선하고 확대하려는 노력이 필요하다.

나. 관련 시스템 데이터 연계 및 검증

WMS 시스템 만으로 Visibility를 제공하기에는 제약이 많이 따를 수밖에 없다. 따라서 Visibility 시스템을 구축 시에는 WMS 시스템에 연결된 여러 부가적인 시스템들과 연결하여 실시간의 정보취합 및 분석이 필수적이다.

Visibility 정보를 제공하기 위해 접근이 필요한 관련 시스템은 각기 다른 이기종의 시스템, 각기 다른 운영체계와 데이터베이스, 프로그램으로 운영되고 있는 경우가 많아 문제가 발생될 가능성이 높다. 시스템 간에 인터페이스시 얘기치 못한 오류들이 발생할 수 있어 이에 대한 상호 데이터의 검증 및 오류에 대해 체계적인 대응체제 구축이 필요하다.

다. 책임과 역할 명확화

Visibility 정보는 각 해당 부서의 업무영역 및 역할에 따라 필요로 하는 정보가 다를 수 있다. 동일한 결과의 정보 역시 해석의 방법이나 이해의 정도가 따라 그 의미가 달라질 수도 있기 때문에 각 조직에서 필요로 하는 정보가 무엇이고 어떻게 수집하고 해석해야 하는지에 대한 객관적이고 명확한 정의 및 관리가 필요하다.

성공적인 Visibility 시스템을 구축하기 위해서는 각 조직에서 필요로 하는 정보를 발굴하고 그 정보를 실시간으로 정보를 수집 및 가공작업을 원활하게 추진할 수 있도록 전담 추진조직이 필요하다. 추진조직은 시스템 구축 및 운영을 효과적으로 할 수 있도록 명확한 책임과 역할을 부여가 필요하며 관련된 부서의 적극적인 협조가 무엇보다도 필요하다.

물류자동화 및 설비

물류자동화 및 설비

CHAPTER 12

이번장에서는 주요 물류자동화 시스템에 대해 소개하고 물류 현장에서 활용되고 있는 각종장비 및 IT 관련 인프라 등에 대해 살펴 보고자 한다.

01 ▶ DPS (Digital Picking System)

DPS 시스템은 피킹해야 할 물량이 보관된 랙(선반)에 디지털표시기와 버튼을 설치된 환경에서 피킹해야 할 위치에 램프와 피킹해야 할 수량이 자동으로 표시되는 시스템이다.

[그림 12-1] DPS 표시기

작업자는 단순히 해당 램프가 켜져 있는 위치에서 표시된 수량을 꺼내는 것으로 피킹을 완료할 수 있어 피킹 생산성과 정확도를 동시에 높일 수 있는 방법이다. 일반적으로 분류해야 할 거래처의 수가 적고 다품종 소량의 환경에 적합하다.

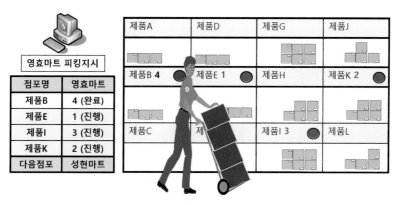

[그림 12-2] DPS 운영 예시

[그림 12-2]와 같이 피킹해야 할 제품의 위치에는 피킹해야 할 수량과 함께 적색으로 표시된다. 작업자는 해당하는 수량을 꺼내고 버튼을 누르면 청색으로 바뀌면서 피킹이 완료되는 방식이다.

DPS의 구역이 넓어지면 작업자가 한 번에 피킹해야 할 물량과 품목이 많아 피킹 작업 속도가 떨어지는 비효율이 발생될 수 있다. 최근에는 이를 극복하기 위해 "아일랜드 DPS" 방식의 시스템이 많이 도입되고 있다.

DPS 시스템을 섬(Island)처럼 여러 개의 독립적인 구역으로 분리하고 피킹해야 할 물량이 없는 구역에서는 다음 구역으로 바로 통과하고 피킹이 필요한 물량이 있을 경우에만 해당 구역에 대기하는 방식이다. 아일랜드 DPS 방식을 도입하면 동시에 작업자를 투입 하더라도 혼선을 줄일 수 있고 동시에 다수의 피킹 지시물량을 처리할 수 있는 장점이 있다.

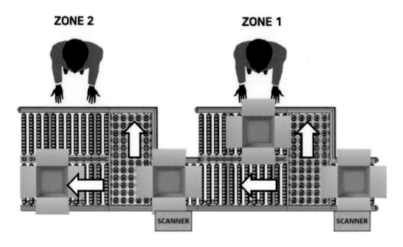

출처 : https://blog.naver.com/asetec00/221140724472

[그림 12-3] 아일랜드 DPS 방식 개념도

제 12 장 | 물류자동화 및 설비

DAS는 DPS 시스템을 약간 변경한 형태이다. DPS는 피킹해야 할 물량이 미리 보충되어 있고 해당 수량을 꺼내면서 피킹을 하는 방식인데 반하여 DAS는 필요한 물량을 보관 로케이션이나 크로스도킹으로 입고된 총 수량을 확인하고 이를 "씨뿌리기"처럼 배분하면서 피킹을 완료하는 방식이다. 주로 품목 수가 비교적 적고 분류해야 할 거래처 수가 많은 경우나 크로스도킹으로 물동량을 처리해야 할 경우에 유리한 방법이다.

[그림 12-7]과 같이 [A 제품]을 바코드 스캐닝하면 분류하여야 할 출고처(배송처)에 지시등이[적색]으로 바뀌고 수량이 표시된다. 작업자는 이동하면서 [적색]으로 점등된 위치에 표시된 수량을 분배하고 작업이 완료되었다는 의미로 [스위치]를 누르게 되면 적색에서 청색으로 표시되면서 분류가 완료된다. DAS 시스템에 의해 기록되어진 분류작업정보 및 결과는 실시간의 작업 진행사항이나 완료 예정시간 등의 각종 정보로 활용될 수 있다.

점포명	지시수량
영효마트	3 (완료)
정우마트	8 (진행)
인규마트	5 (진행)
삼양마트	1 (진행)
총합계	17

A제품 17개 스캔

영효마트 3 ●	정우마트 8 ●	문석마트	권영마트
1	2		
성현마트	인규마트 5 ●	우원마트	삼양마트 1●
	3		4
성웅마트	트	재후마트	창훈마트

[그림 12-3] 아일랜드 DPS 방식 개념도

자동 분류시스템은 이름에서도 알 수 있듯이 기계가 자동으로 제품을 분류해 주는 장치이다. DAS 시스템과 사용 목적과 전체적인 작업 흐름은 비슷하다. 제품을 컨베이어에 투입하면 자동분류기가 바코드나 RFID 등으로 제품을 인식하고 특정 슈터(출고처) 위치에 자동으로 분류 가능하다.

자동분류기는 크기, 재질, 종류, 분류 속도, 방식 등에 따라 다양한 형태를 가지며 DAS 시스템에 비해 고가의 장비이기 때문에 택배나 대형 창고 등 일정 규모 이상의 창고에서 적용이 가능하다.

[그림 12-5] 자동분류시스템의 여러 형태

[그림 12-6] 자동분류기 분류 과정

04 자동 창고 (Automated warehouse, AS/RS)

일반적인 창고의 입출고는 지게차 등의 장비와 인력에 의존하여 입출고를 수행하는데 반해 자동 창고시스템은 컨베이어 및 스태커크레인을 시스템으로 제어하여 무인으로 재고를 입고, 출고 및 재고관리를 수행한다.

자동 창고는 스태커크레인에 의해 자동으로 운영되므로 10단 이상의 고단랙 운영이 가능하여 일반창고에 비해 적재효율 극대화와 입출고 인력을 줄일 수 있는 장점이 있다. 단점으로는 스태커크레인의 대수와 속도에 따라 다르지만, 일반적으로 입출고 속도가 일반창고에 비해 떨어지기 때문에 입출고 빈도가 높은 제품에는 적용하기 어려울 수 있다.

[그림 12-7] 자동 창고 예시

[그림 12-8] 자동 창고에 재고가 적재되는 모습

[그림 12-9] 입출고된 재고가 무인운반차에 의해 이동되는 모습

과거에는 B2B 비즈니스에 대응하기 위해 주로 자동 창고의 형태가 팔
레트 단위로 입출고되는 규모가 큰 형태의 자동 창고가 주를 이루고 있

https://www.autostoresystem.com/

[그림 12-10] 경량화 및 로봇 기반의 자동 창고

었으나 점차 B2C 인터넷 비즈니스가 활성화되면서 박스 단위 이하의 소형 경량화된 자동 창고 시스템으로 변화하고 있으며 다수의 로봇을 투입하여 병렬로 작업을 수행함으로써 단점으로 지적되었던 입출고 속도가 떨어지는 문제점을 극복하고 있다.

출처 : https://blog.naver.com/ssi-schaefer/222145577497

[그림 12-11] 박스단위 입출고 가능한 자동 창고

급변하는 물류 환경의 변화에 대응하고 인력 부족, 작업 안전성, 효율성을 높이기 위해 물류 현장에서도 로봇을 도입하는 사례가 늘어나고 있다.

초기에는 단순한 구간을 반복 이동하거나 특정 작업만을 수행하는 단편적인 로봇의 도입이었다면 최근에는 자율주행기술, 인공지능기술, 첨단 센싱기술 등을 활용하여 로봇이 자율적으로 판단하고 작업을 할 수 있어 물류의 전반적인 비용 절감과 효율적 운영에 많은 기여를 하고 있다.

출처 : https://news.coupang.com

[그림 12-12] 피킹 로봇 작업 예시

https://tompkinsrobotics.com/

[그림 12-13] 물류 로봇 작업 예시2

출처 : https://news.coupang.com

[그림 12-14] 무인 지게차(포크리프트) 로봇 작업 예시

물류 현장과 WMS 시스템 간의 정보를 교환하기 위해 대표적으로 모바일 단말기를 사용한다. 모바일 단말기는 화면에 표시된 정보나 버튼 또는 화면 터치를 통해 작업의 정확성과 업무 효율성 등의 장점이 있으나 휴대 및 조작의 불편함이 있었다.

"의사소통을 위한 가장 효과적이고 빠른 방법은 음성이나 이미지를 통해 전달 하는 것"이라는 이론을 적용하여 보이스 피킹이나 스마트 글라스 시스템을 도입하고 있다. 기존의 모바일 단말기의 화면을 통한 작

[그림 12-15] 보이스피킹 장비 및 작업 예시

업 지시가 아닌 음성이나 스마트글라스를 통하여 작업지시가 이루어지고, 작업결과 역시 음성, 눈주시, 깜박임 등을 통하여 WMS 시스템에 전달할 수 있어 양손이 자유로워 생산성과 정확도 향상에 효과가 크다.

출처 : www.ulogistics.co.kr/ulogistics/board.php?board=all&command=body&no=3546

[그림 12-16] 스마트글라스 장비 및 작업 예시

07 전표 이미지 스캐닝

창고에서는 입출고와 관련된 작업 수행 시 많은 양의 각종 입출고 전표
와 보고서들을 출력한다. 특히, 거래의 증빙이 되는 전표와 부대 서류는
매우 중요하게 보관 및 관리되어야 한다. 점차적으로 문서 대신 모바일
형태로 전자문서화 등을 통해 종이 문서를 줄이려 노력하고 있으나 여
전히 많은 양의 종이 출력물들이 발행되고 있다.

입출고에 의한 거래명세서(출고전표) 등의 문서는 법적으로 몇 년간 의무
적으로 보관하게 되어 있기 때문에 입출고 내역의 증명을 위해 물류창
고에 전표 확인을 요청하는 경우가 빈번하게 발생된다. 하지만 워낙 방
대한 문서를 보관하다 보니 관련 부서에서 입출고 내역에 대한 전표를
확인 요청하는 경우에 대응하는데 많은 시간과 비용을 소비하고 있는
것 또한 현실이다.

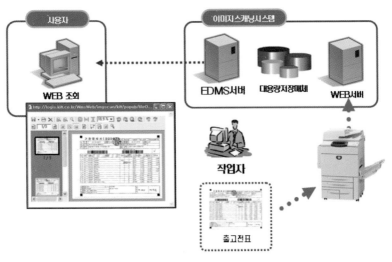

[그림 12-17] 이미지 스캐닝 시스템 개념도

이같은 문제를 해결하기 위해 이미지 스캐닝 시스템을 도입하여 활용하고 있다. 이미지 스캐닝 시스템이란 전표를 스캐닝하여 이미지 파일로 변환하고 전표번호나 글자, 바코드 등의 정보를 자동으로 인식하여 대용량 저장장치에 보관하고 필요시에 시스템을 통해 바로 전표 이미지를 조회할 수 있는 시스템이다.

전표 이미지 스캐닝 시스템이 도입되면 전표의 관리 및 조회에 들어가는 비용과 시간을 줄일 수 있으며 종이 문서를 보관을 위한 창고 공간도 최대한 줄일 수 있는 장점이 있다.

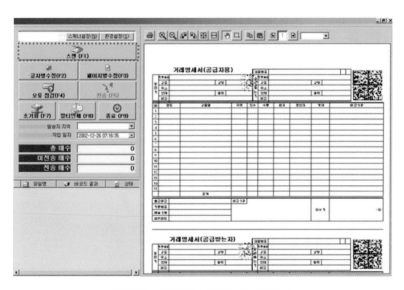

[그림 12-18] 이미지 스캐닝 시스템 화면 예시

08 보관 설비

제품의 특성 및 입출고 유형에 따라 팔레트랙, 암랙, 플로어랙, 선반랙
등 다양한 형태의 보관설비를 이용한다.

[그림 12-19] 팔레트랙

[그림 12-20] 드라이브인랙 (대량 소품목 보관 유리)

[그림 12-21] 팔래트 플로어랙 (팔렛트단위 선입선출)

[그림 12-22] 팔레트 무빙랙 (입출고 공간 최소화)

[그림 12-23] 임랙 (긴 형태의 제품 보관)

[그림 12-24] 무빙랙 (소형,서류 등 보관공간 최대)

[그림 12-25] 플로어랙 (박스 형태 선입선출 보관)

[그림 12-26] 선반랙 (소량 단품, 부품 등)

09 입출고를 위한 장비

창고 내에서 제품을 이동, 입출고를 하기 위한 장비로서 제품의 특성, 물류창고의 구조화 환경 등에 따라 다양한 형태의 장비가 활용된다.

[그림 12-27] 카운터형 지게차 (앉아서 작업 수행)

[그림 12-28] 리치형 지게차 (작업자가 서서 작업)

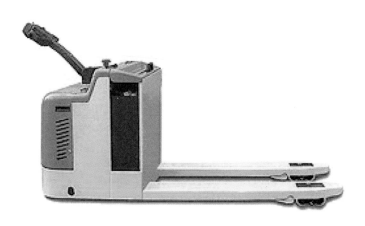

[그림 12-29] 구내 운반차 및 파렛트 트럭

[그림 12-30] 대차(롤테이너) 및 핸드 파렛트 트럭

10 보관 및 적재 도구

제품을 안전하게 보관하고 제품을 모듈화하여 신속하게 입출고 처리를 할 수 있는 포장 및 적재와 관련된 장비들을 소개하고자 한다.

재질이 플라스틱일 경우 주로 여러 번의 회전이나 사용이 필요한 경우에 많이 활용되고 있으며, 종이는 1회성 사용의 경우 일반적으로 많이 활용되고 있다.

[그림 12-31] 플라스틱 보관 박스

[그림 12-32] 종이 보관 박스

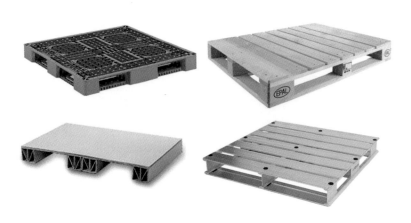

[그림 12-33] 다양한 형태의 팔레트

11 모바일 단말기

모바일 휴대용 단말기 형태는 2007년과 비교하여 외형은 크게 변화하지 않았다. 다만, 운영체제가 Windows Mobile, CE 환경에서 안드로이드 기반으로 변화되면서 사용자의 인터페이스가 향상되었고 확장성이 높아졌다.

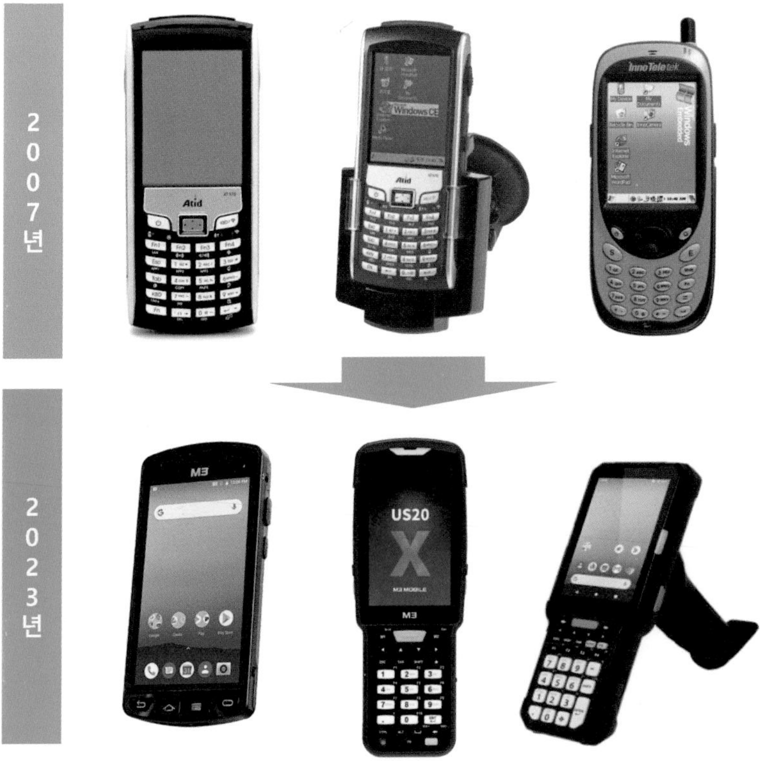

제조사 : 포인트모바일, Atid, Datalogic, M3 Mobile 외

[그림 12-34] 휴대용 모바일 단말장비

제조사 : 포인트모바일, LK100K 외

[그림 12-35] 차량, 지게차 등 장비부착용 모바일 단말기

12 바코드 스캐너

바코드 스캐너는 외형은 2007년과 거의 동일하다. 과거에는 1D 방식의 바코드 스캐너와 유선 바코드 스캐너가 대다수를 차지 하였지만, 최근에는 2D 방식의 바코드를 지원하고 블루투스 기능을 지원하기 때문에 각종 장비들과 무선으로 연결 등 사용성이나 바코드 인식 성능이 많이 개선되었다.

제조사 : Symbol, ZEBRA, HONEYWELL, MOTOROLA 외

[그림 12-36] 휴대용 바코드 스캐너

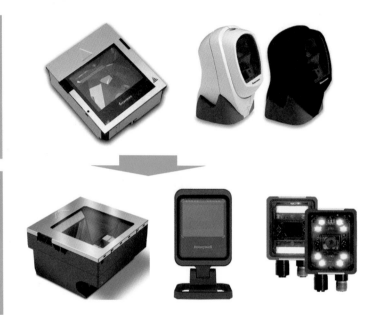

제조사 : HONEYWELL, DATALOGIC, INTERMEC 외

[그림 12-37] 고정형 바코드 스캐너

13 바코드 프린터

코드 프린터 역시 2007년과 거의 동일하다. 과거보다 프린터의 크기가 경량화되고 RFID가 점차 활성화됨에 따라 바코드 출력 외에 RFID를 함께 출력할 수 있는 프린터가 판매되고 있다.

제조사 : ZEBRA, INTERMEC, 외

[그림 12-38] 바코드 프린터

14 RFID

RFID는 우리가 많이 사용하고 있는 교통 카드라고 생각하면 쉽다. 바코드는 일일이 스캔해야 하는 불편함이 있는 반면에 RFID는 여러 제품을 동시에 인식 가능하고 새로운 정보를 추가적으로 기록할 수 있다는 점이다.

2007년

2023년

제조사 : 누리디에스엠(ww.nuridsm.com), 에일리언테크놀로지(www.alienasia.com) 등

[그림 12-39] RFID 고정형 설비

제 12 장 | 물류자동화 및 설비

2007년

2023년

제조사 : ZEBRA, ALIEN

[그림 12-40] RFID 장비 및 안테나

제조사 : ATID, 누리디에스엠, 포인트모바일 등

[그림 12-41] RFID 모바일 단말기

15 바코드 및 RFID 테그

물류 현장에서 데이터를 신속하고 정확하게 처리하기 위해서 대표적으로 바코드와 RFID를 많이 사용하고 있다. 바코드는 1차원 바코드가 많이 사용되었지만 저장 공간의 한계 등을 극복하기 위해 2차원 바코드 사용이 확대되고 있다. RFID 역시 제품의 재질이나 종류, 사용 환경에 따라 여러 가지 형태가 사용된다.

< 1차원 바코드 >

< 2차원 바코드 >

< RFID 테그 >

[그림 12-42] 바코드 및 RFID테크 예시

16 생성형 AI

과거에는 인공지능이라고 말은 하였지만 제대로 된 분석이나 답변을 할 수 없는 수준의 대답으로 활용도가 매우 떨어졌다. 최근 들어 IT 기술의 놀라운 발전으로 OPEN AI, 구글, 네이버 등 많은 빅테크 기업들이 앞다투어 초거대 인공지능 모델을 만들고 생성형 AI를 선보이고 있다.

얼마 전 큰 규모의 IT 세미나를 다녀온 적이 있었는데 2023년의 화두는 대화를 기반으로 하는 생성형 AI를 기업에서 어떻게 활용할 것인가에 대한 고민과 그 활용 방안에 대한 주제가 대부분이었다. 앞으로 어떻게 발전될 것인지는 아직 불명확하지만 분명 AI가 자동으로 데이터를 분석하고 관리자나 고객이 원하는 자료에 빠르게 대응할 수 있는 모델로 발전할 것은 의심의 여지가 없다.

다음은 생성형 AI를 기반으로 데이터를 분석하는 예시를 소개한다. 아래 예시는 실제 WMS에서 적용한 실사례가 아니고 구글의 생성형 AI 바드에서 "WMS에서 생성형 AI를 활용한다고 했을 때 주요 질의 사항과 결과 예시를 알려줘"라는 답변으로 얻은 결과를 정리한 것임을 밝힌다.

제 12 장 | 물류자동화 및 설비

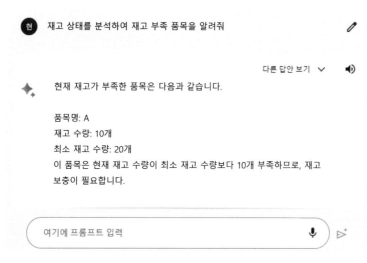

[그림 12-43] 생성형 AI 재고부족 품목 조회 예시

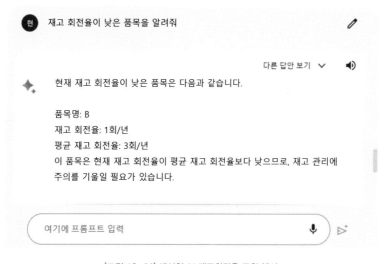

[그림 12-44] 생성형 AI 재고회전율 조회 예시

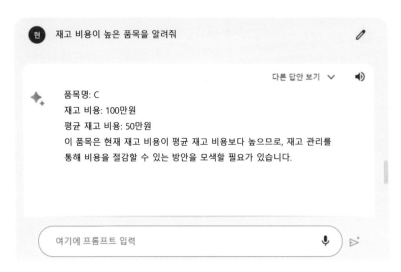

[그림 12-45] 생성형 AI 재고 비용 조회 예시

WMS 솔루션 도입

WMS 솔루션 도입

각 기업의 다양하고 복잡한 물류 환경을 수용하고 확장성과 유연성 있는 시스템을 자체적으로 개발하기에는 기술적, 시간적, 비용적인 부담이 매우 크다. 국내외 우수한 WMS 개발업체들이 활동하고 있어 검증된 WMS 솔루션을 도입하여 활용하는 경우가 많다. 이번 장에서는 WMS 솔루션을 도입시 검토사항 및 절차 등에 대해 알아보도록 한다.

01 시스템 도입 절차

WMS 도입을 위해서는 도입검토, 시장조사, 예산확보, 제안요청 발송, 제안접수, 평가를 거쳐 우선협상 업체를 선정하고 최종 계약 후 프로젝트를 착수한다.

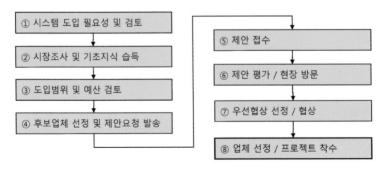

[그림 13-1] WMS 솔루션 도입 절차

가. 시스템 도입 필요성 검토

물류 환경은 빠르게 변화하고 있다. 고객의 요구가 다양해지고 시장 경쟁이 치열해지면서 기업은 효율적인 물류 시스템 구축을 요구하고 있고 이를 기반으로 기업의 성장을 도울 수 있다.

구 분	내 용	비고사항
효율성	-실시간으로 창고내 재고의 정확한 위치를 관리하여 작업자 이동시간 단축 -재고관리 효율화를 통해 재고부족이나 과잉 등을 방지	
비용절감	-작업자의 생산성을 향상 시켜 인건비, 장비 효율성 향상 -불필요한 재고비용 절감	
고객만족도	-주문처리를 자동화하여 처리 오류 최소화 -빠르고 정확한 출고를 통한 배송시간 단축 -고객 클레임 대응 용이	
기업경쟁력	-물류 프로세스를 최적화 가능 -영업, 구매, 물류 등의 유관 프로세스 협업	

[그림 13-2] 도입 필요성 주요 검토사항

나. 시장조사 및 기초지식 습득

시스템 도입을 위해 필요한 사전지식을 습득하고 각 WMS 솔루션 업체들의 장단점, 투자 예상 금액 등을 확인하는 단계이다. 주로 이미 WMS

WMS 기본 조사 양식 (예시)

일반	회사명		주소	
	대표자		직원수	
	매출액		직원수	
	보유솔루션			
	주요거래처			
	기타사항			
WMS 기본	시스템명		DB,언어,OS	
	멀티화주,창고지원		다국어지원	
	보세창고		TMS지원	
	인터페이스		빌링시스템	
	RFID지원			
비용	라이선스 정책		초기구매비용	
	년간유지비		소스코드 제공	

[그림 13-3] WMS 시장조사 기본양식 (예시)

를 도입하여 운영하는 업체들을 대상으로 벤치마킹을 수행하고 도입 사례, 투자 금액, 문제점 등을 파악할 수 있다.

후보 솔루션 업체들이 제공할 수 있는 물류 기능, 범위, 가격, 라이선스 조건 등을 파악하는 과정이 필요하다.

WMS 기능 분석 체크 리스트1 (예시)

구 분		내 용	비고사항
기준 정보	11.제품, 거래처 기준정보 관리항목 추가 가능한가?		
	12.기준정보 수정시 변경이력이 관리되는가?		
	13.제품, 거래처코드 최대길이는 얼마인가?		
	14.다수창고, 다수화주를 관리할 수 있는가?		
	15.프로그램, 창고, 화주별 권한관리가 가능한가?		
입고	21.입고예정정보(ASN)가 없을 경우 처리방안?		
	22.로트,시리얼,유통기한,제조일자 관리여부		
	23.중량, 체적으로 입고처리 가능한가?		
	24.화주, 제품별 특성을 반영한 입고처리 가능여부?		
출고	31.출고예정정보가 없을 경우 처리방안?		
	32.출고를 전부 또는 일부취소, 수정이 가능한가?		
	33.화주별 별도의 전표출력이 가능한가?		
	34.하루에 여러 번 마감하여 출고 처리를 할 수 있는가?		
	35.배차기능이 포함되어 있는가?		

[그림 13-4] WMS 기능 분석 체크리스트1 (예시)

WMS 기능 분석 체크 리스트2 (예시)

구 분		내 용	비고사항
재고 관리	41.특정 시점의 재고조회 가능한가?		
	42.전수재고실사 및 수시재고실사 가능한가?		
	43.제품외 용기, 팔레트 재고관리를 할 수 있는가?		
	44.재고이력 추적 가능한가?		
	45.로트, 시리얼, 유통기한 관리가 가능한가?		
	46.선입선출 또는 후입선출 처리가 가능한가?		
	47.적정재고 관리가 가능한가?		
	48.유효기간 임박 등 재고특이사항 확인이 가능한가?		
반품	51.반품 전용 프로세스가 있는가?		
	52.반품된 제품을 별도 관리 가능한가?		
	53.반품 사유관리 및 이력 추적이 가능한가?		
부가 서비스	61.BOM 적용 수준과 관리는 적정한가?		
	62.어떤 유형의 프로세스를 지원하는가? (예:조립,해체,라벨링)		
	63.비용관리, 물동량, 생산성 측정은 가능한가?		

[그림 13-5] WMS 기능 분석 체크리스트2 (예시)

제 13 장 | WMS 솔루션 도입

WMS 기능 분석 체크 리스트3 (예시)

구 분		내 용	비고사항
인터 페이스	71.시스템 자료를 엑셀, 텍스트파일로 변환 가능한가?		
	72.사용자가 직접 보고서를 수정, 변경할 수 있는가?		
	73.ERP, TMS, 보세 등 다양한 시스템과의 인터페이스 방안		
	74.인터페이스 오류 발생시 조치 방법		
	75. 모바일 장비, 바코드 프린터 적용 기종, 호환여부		
시스템 기타	81.다국어 지원 가능여부		
	82.웹, 테블릿 등 다양한 모바일 장비 지원 여부		
	83.물류 프로세스 변경, 추가시 시스템 적용 방법		
	84.과금(빌링)시스템 보유, 적용방법		
	84.다수의 창고를 통합 관리할 수 있는가?		
	85.과거 데이터를 추가, 수정 등을 했을 때 문제는 없는가?		

[그림 13-6] WMS 기능 분석 체크리스트3 (예시)

다. 도입범위 및 예산검토

지금까지 파악한 내용들을 기반으로 우리가 도입해야 할 필수적인 기능이나 요구사항을 정리하고 이에 따른 예산 금액을 산정하는 단계이다.

시스템의 도입목표를 명확히 하고 창고운영방식, 재고관리 방식 등의 세부적인 사항을 확정하고 이를 후보 솔루션 검토 시 확인한 자료들을 바탕으로 예산을 산출한다.

구 분	내 용	비고사항
도입범위	-시스템 도입목표 설정 -창고운영방식, 재고관리방식, 물류인력, 인프라 등을 확정	
예산검토	-후보 솔루션 기능, 라이선스, 유지보수 등 소요비용 평가 -도입범위 기반 기능별 예산비용 산출 -도입예산 적정성 평가	

[그림 13-7] 도입범위 및 예산 주요 검토사항

라. 제안요청(RFP) 발송

솔루션 관련 업체 중 가장 경쟁력이 있는 업체들을 선정하고 제안요청서를 발송하는 단계이다. 보통 3~4개 업체 정도의 업체를 대상으로 진행하는 것이 좋으며 제안요청서는 서면에 의해 공식적으로 업체에 발송하고 별도의 일정으로 설명회를 개최하는 것이 일반적이다. 제안요청서에는 기업의 현황 및 향후 사업 방향, 시스템 요구사항, 제안서 작성 시 주의사항, 제안서 평가방법, 향후 진행일정 등의 정보들이 포함되며 충실한 제안서를 작성할 수 있도록 충분한 기간과 현장 실사 등에 적극적인 협조가 필요하다.

마. 제안접수

제안 요청서에 명시된 일정까지 제안서 및 견적서를 접수 받는다. 접수받은 제안서와 견적서는 정보가 누설되지 않도록 각별한 주의하면서 제안서를 평가하기 위한 세부 계획을 확정한다. 제안 발표는 통상 제안 접수일로부터 1주일 내외의 기간 내에 하는 것이 일반적이며 사전에 평가인원, 장소, 배점, 일정, 주의사항 등을 정리하여 통보해야 한다.

제안평가나 현장 방문 진행 전까지 제출받은 제안서 및 견적서에 누락이나 빠진 부분, 추가 확인이 필요한 부분이 있는지 확인하고 협의 조정을 거쳐 보완하고 현장 방문이나 제안평가를 위한 기초 평가를 위한 자료를 작성하는 것이 좋다.

바. 서류심사 및 현장방문

제안서를 제출한 업체를 서류심사와 현장 방문 등을 거쳐 최종 제안평가를 진행할 업체를 선정하는 단계이다. 서류심사는 제출한 제안서를 검토하여 제안요청서(RFP)에 명시된 목적, 범위, 요구사항, 필수 제출서류 이상여부 등을 중점적으로 확인하면 된다.

현장 방문 시에는 해당 솔루션이 제대로 방문 기업에 적용되고 있고 고객 만족도, 유지보수, 효율성 등에 대한 검토와 확인을 하면 된다.

구 분	내 용	비고사항
서류심사 확인사항	-제안서의 목적과 범위가 요구사항을 충적 하였는지 확인 -솔루션의 도입가격 및 유지보수 금액이 요구사항에 충족하였는지 확인 -제안사의 사업실적 증빙 등 관련 서류의 이상여부 확인 -제안서의 구성, 형식, 내용의 일관성에 문제가 없는지 확인 -제안서의 명시된 일정, 방법 등이 현실 가능한지 확인 -기타 애매하거나 중대한 오류가 있는지 확인	
현장방문 확인사항	-해당 솔루션이 현장 방문 기업에 제대로 적용되고 있는지 평가 -솔루션의 사용 편의성 및 효율성 확인 -시스템의 운영 및 유지보수에 대한 업체의 지원 여부 확인 -시스템 운영에 대한 고객의 만족도 -시스템 도입에 따른 비용 절감 및 물류 효율성 향상 정도 확인	

[그림 13-8] 서류심사 및 현장방문 확인사항 예시

사. 제안평가 및 우선협상업체 선정

제안서 검토와 제안발표를 토대로 우선협상 업체를 선정하는 단계이다. 제안평가는 사전에 선정된 평가위원들에게 제안서 및 관련 자료, 현장 방문 결과 등 정보를 종합적으로 제공하고 제안사들의 제안 발표를 통해 평가를 진행한다. 가격 평가 결과와 함께 상황에 맞는 가중치를 부여하여 최종 우선협상업체를 선정하면 된다.

우선협상 업체가 선정되면 선정된 업체가 어디이고 무엇 때문에 선정이 되었는지에 대해 참여한 제안 업체에게 공식적으로 통보하고 우선협상 업체에 대해 최종 계약을 위한 검증을 진행한다.

검증방법은 해당 시스템이 도입된 현장을 직접 방문한다거나 추가 질의서를 통해 문제점을 파악하는 방법 그리고 시스템의 실제 시연(DEMO)를 통해 확인한다.

제 안 평 가 표 (예시)

구 분		내 용	배점	점수		
				제안서	발표	계
회사	신뢰도	회사 대외 인지도 및 신뢰도				
	구축실적	솔루션 구축 실적 및 사례				
	재무구조	회사 재무 안정성				
시스템	기능	요구사항의 반영이 충분히 되었는가?				
	편의성	화면, 메뉴구성 등의 사용자에게 편리한가?				
	확장성	향후 추가적인 확장 개발이 가능한가?				
	유연성	기능변경이나 수정 요구시 유연하게 대응가능한가?				
	기술이전	교육, 기술이전 수준 및 범위				
유지보수	업그레이드	향후 시스템 업그레이드 계획은 구체적인가?				
	교육지원	관리자 및 사용자 교육 계획은 명확한가?				
	유지보수	유지보수 체계 및 프로세스는 체계적인가?				
	장애대응	장애 발생시 대응 체계				
계			100			
평가의견 :						

[그림 13-9] 제안평가표 예시

아. 업체선정 / 프로젝트 착수

우선협상 업체와 계약서에 대한 세부적인 조건과 프로젝트 일정에 대해 협의를 진행한다. 실제 프로젝트 추진을 위한 인력을 구성하고 세부적인 계획 수립을 거쳐 실제 시스템 구축 작업을 수행한다.

02 시스템 도입 시 조언

WMS 시스템을 도입하는 데 있어서 진행하여야 할 절차나 검토하여야 할 내용이 매우 복잡하고 기업의 물류 환경에 따라 매우 복잡함을 알 수 있다. 시스템을 도하는 데 있어서 실제 도입 사례 및 경험을 토대로 필자의 2007년경 회사 동료인 [윤준용]님이 작성한 자료이다. 현재 상황과 다소 차이는 있을 수 있겠지만 많은 시사점을 주는 글이라 생각한다. 시스템 도입검토 시 참고를 바란다.

〈 내용 〉

WMS를 도입할 때... 고려해야 할 여러 가지 들이 있습니다.

먼저, WMS를 도입할 때 회사에서 지출 가능한 비용이 어느 정도 수준이냐...
아쉽지만, 아무리 좋은 시스템이라도 비용이 맞지 않는다면 구매가 불가능해집니다. 간혹, 일반적으로 판매되고 있는 가격보다 낮은 가격으로 팔 경우도 있지만, 이경우에는 회사에 필요한 기능들이나 일반적인 스탠더드와 맞지 않는 프로세스에 대한 커스터마이징에 소홀해지기 일쑤입니다.

다음으로 WMS를 구축하기 위한 회사 내의 자체 인프라가 어느 정도 구축되어 있느냐...
WMS를 구축하기 위해서는 물류 프로세스에 대한 정립과 함께 향후 비전에 대한 명확한 설계가 필요합니다. 일반적으로 물류 조직은 보수적이기 때문에 변화에 대해서 많은 저항을 하게 됩니다. 이러한 현장과의 불필요한 불협화음을 최소한으로 줄이면서 향후 비전을 공유하고 이를 토대로 발전적인 방향으로 시스템을 구축하기 위해서는 많은 협력이 필요하게 됩니다. 물류 현장에서의 정보와 특성들을 고려하지 않고 설계한 시스템은 많은 문제를 야기하게 되며 오히려 구축하지 않는 것만 못한 상황도 발생할 수 있습니다.

솔루션의 구매 시에 고려해야 할 것들은 다음의 것들이 있습니다.

먼저, 솔루션 벤더의 안정성과 신뢰성입니다. IT 업계는 수없이 이합집산을 하고 중간에 사라지는 업체들도 많이 있습니다. WMS 역시 기간 시스템과 마찬가지로 지속적인 유지보수와 업그레이드가 필요한 프로그램입니다. 프로그램 사용 중에 업체가 도산한다거나 담당자가 자주 바뀌게 된다면 정상적인 유지보수를 받을 수 없습니다. 이러한 부분을 감안하셔야 합니다.

외산 솔루션과 국산 솔루션의 선택...

외산 솔루션과 국산 솔루션 간에는 상당한 가격 차를 가지고 있습니다. 외산 솔루션들의 경우 보통 5~10억 이상의 가격선을 가지고 있습니다. 이에 반해 국산 솔루션의 경우 3억 이하에도 구매가 가능한 수준으로 가격선이 형성되어 있습니다. 구매 시의 가격에서의 격차와 아울러 유지보수 시에도 외산 솔루션의 경우 상당히 고가를 요구하고 업그레이드 시에는 구매 시의 가격에 맞먹는 비용이 발생하기도 합니다. 대신 외산 솔루션의 경우 안정적인 유지보수를 받을 수 있다는 장점을 가지고 있습니다. 국산 솔루션의 경우 저렴한 가격에도 불구하고 시장에서 많이 소외되고 있는 것은 그 안정성에 대한 의심이 가장 크다고 볼 수 있습니다.

자체 시스템 설계 및 관리 운용 인력의 확충

WMS를 구축할 시에는 보통 이런 말을 많이 듣게 됩니다. "이것이 글로벌 스탠다드입니다." 또는 "이것이 추세입니다."... 등등의 말을 말이죠. 이런 말에는 두 가지 의미가 있습니다. 일반적인 추세라는 말 자체에 틀림은 없습니다만, 프로그램을 해당 업체가 쓰기 편하도록 고치기 위해서는(커스터마이징이라고 합니다.) 추가 공수가 들어가기 때문에 바꾸기 싫다는 의미이죠. 또한, 가급적 비용이나 공수가 적게 들어가는 방향으로 자기들 임의로 프로그램을 만들어버리기 일쑤입니다. 이를 방지하고, 프로그램을 사용할 유저들을 위한 프로그램, 회사를 위한 프로그램을 만들기 위해서는 전체적인 프로세스를 설계하고 이를 프로그램에 반영시킬 수 있는 인력이 반드시 필요하게 됩니다. 전문적인 프로그래머보다는 물류 시스템을 운영하는 인력 중에서 프로그래밍이나 데이터베이스, 물류 프로세스 전반을 아는 인력이 필요하게 되는 거죠.

제가 시스템을 구축할 시에 사용했던 RFI의 경우에는 700여 가지 문항에 대하여 각 솔루션 벤더들에게 질문을 했고 이에 대한 응답을 토대로 일부 업체를 선정한 후 각 솔루션 벤더들이 구축한 시스템을 운영하고 있는 물류센터 20여 곳을 방문한 후 각각 제반 여건들을 만족시키는 업체들 중에서 가격과 향후 확장성, 유지보수에 대한 기대치 등을 기준으로 업체를 선정하여 시스템을 구축했었습니다. 일부에서는 WMS는 단순 물류 프로그램 정도로 생각하고 있을지

모르겠지만(물론 ERP에 비해서는 상당히 현업중심이고, 소규모 프로젝트임은 분명합니다만) 상당한 시간과 노력, 투자를 요합니다.

신중한 선택을 하시기를 바라며, 제가 장황하게나마 드린 말씀이 도움이 된다면 좋겠네요.

WMS 구축

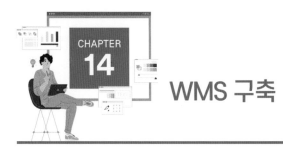

WMS 구축

01 구축 전략

WMS 시스템을 구축하려면 최소 수 개월 이상의 장기적인 프로젝트 기간이 소요되며 다양한 이해 관계자들이 프로젝트에 참여하는 만큼 다양한 위험과 문제들에 노출되어 있다.

성공적인 WMS 시스템을 구축하기 위해서는 도입기업의 적극적 참여, 경험 인력의 투입, 파트너쉽 그리고 안정적 프로젝트 관리가 필요하다.

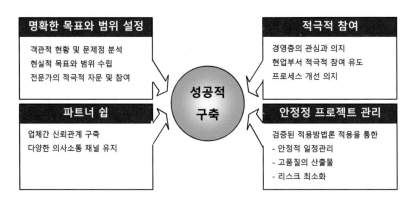

[그림 14-1] WMS 구축 전략

가. 명확한 목표와 범위 설정

기업의 현실에 맞지 않는 과도한 프로젝트를 수행하면 과도한 비용이 투자될 수 있고 실제 물류 현장에 맞지 않는 WMS 시스템이 개발될 가능성이 매우 높다.

프로젝트의 첫 단계인 "현실적이고 명확한 목표와 범위"를 수립하기 위해서는 경영진, 실무자들과의 충분한 의사소통이 무엇보다 중요하다. 다소 시간이 소요되더라도 여러 부문의 이해 관계자들과의 면담과 워크숍 개최를 통해 적극적으로 의견을 반영하는 노력이 필요하다.

기업의 물류 전략, IT 전략, 재무 상황, 대내외 다양한 고객의 의견을 반영하고 검증을 위해 리서치나 전문가의 자문을 받는 것도 좋은 방법이다.

나. 적극적 참여

WMS는 물류 프로세스를 지원하는 시스템으로 특히, 실무자들의 참여가 매우 중요하다. 현업의 참여를 통해 기업의 현재 프로세스를 이해하고 개선해야 할 사항을 파악할 수 있기 때문이다.

적극적인 참여를 지원하기 위해 경영자들이 현업부서들이 적극적으로 참여할 수 있도록 독려하고 지속적으로 워크숍을 개최하거나 설문조사, 시스템 시연 등을 통해 시스템이 제대로 개발되고 있는지 검증하고 요구사항, 개선 사항을 지속적으로 반영하려는 노력이 필요하다.

다. 파트너쉽

시스템을 구축하다 보면 도입기업과 개발업체 간 신뢰가 무너져 시스템 구축이 중단되거나 시스템 구축은 되었지만 요구되는 성능을 제대로 발휘하지 못하는 경우가 종종 발생되곤 한다. 누구의 문제인지는 상황에 따라 다르겠지만 양사 모두에게 이득이 될 수 없는 것은 틀림없다. 따라서 업체 간 신뢰 관계는 성공적인 시스템 구축을 위해 필수적이라는 인식을 같이하고, 이를 위해 다양한 의사소통을 유지해야 한다.

라. 안정적인 프로젝트 관리

프로젝트를 성공적이고 정해진 기간 내에 수행하기 위해서는 검증되고 효과적인 프로젝트 추진 방법론이 필요하다. 구체적이고 명확한 프로젝트 추진 조직과 역할, 책임, 프로젝트 일정계획 및 관리, 단계별 추진 절차와 그에 따르는 산출물, 프로젝트 수행 시 발생할 수 있는 위험을 최소화하기 위해 리스크 요인을 사전에 파악하고 조기에 대응할 수 있는 방안을 미리 수립하는 등의 면밀한 준비와 관리가 필요하다.

WMS 시스템의 실제 구축은 계획 수립, 분석, 설계 및 개발, TEST 및 교육을 거쳐 최종 시스템을 오픈하고 최종 보고를 끝으로 프로젝트가 마무리된다.

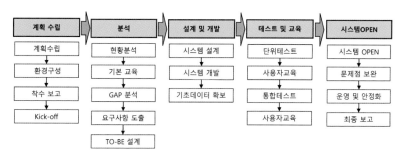

[그림 14-2] WMS 구축 절차

가. 계획 수립

WMS 프로젝트 추진을 위한 전체적인 일정과 프로젝트 추진 조직 및 역할을 정의하고 프로젝트에 필요한 업무환경, 개발장비를 설치하는 작업 등이 포함된다. 프로젝트 수행을 위한 기본적인 인프라를 구축하는 단계이다.

계획 수립단계에서는 도입기업이 요구하는 프로젝트 일정, 사업범위 및 환경 등을 최대한 고려 되도록 관련 업체들 간의 충분한 협의와 조율을 거치는 것이 좋다.

착수보고는 프로젝트 성공을 위한 중요한 출발점이기 때문에 전사적인 업무 협조를 할 수 있도록 최대한 많은 이해 관계자들이 참여가 필요하다. 킥오프를 위한 착수보고에는 통상적으로 프로젝트의 목표, 단계별 추진일정, 추진조직 및 역할, 참여인원, 단계별 산출물 등의 사항들이 포함된다.

계획 수립 단계에서는 착수보고 문서 외에도 수행계획서(프로젝트 관리계획서)를 작성하는데 목표, 범위, 일정, 예산, 품질, 인적자원, 의사소통, 위험관리, 조달관리 등에 관련된 내용이 포함된다.

구 분	주요내용	비고사항
착수보고서	-프로젝트 추진 개요 및 목표 -단계별 추진일정 -추진조직 및 역할 -기대효과 및 예상 TO-BE -추진 협조사항 등	
수행계획서	-목표 : 프로젝트의 구체적인 목표 명시 -범위정의 : 개발해야 할 프로세스, 프로그램 목록 등의 요건을 명확화 -일정계획 : 프로젝트 단계별로 상세한 일정 수립 -예산계획 : 프로젝트 추진에 따른 단계별 투입 금액 명시 -품질계획 : 산출물, 프로그램이 요구사항 충족여부 확인 방법, 방법론 명시 -의사소통 : 추진조직, 의사소통 방법, 주기 등 명시 -위험관리 : 예상되는 위험요인 발굴하여 사전 대응계획 수립 -조달관리 : 프로젝트에 필요한 자재, 서비스를 수급하기 위한 구체적인 계획	

[그림 14-3] 계획 수립 단계 주요 산출물 예시

나. 현황분석

실질적으로 프로젝트를 수행하는 단계라고 할 수 있다. 새로이 시스템을 구축하기 위해서는 기존의 물류 환경이나 프로세스를 분석하는 작업에서부터 시작해야 한다. 현재 업무를 수행하고 있는 현업 실무자를 대상으로 문서 또는 인터뷰를 통하여 현재의 프로세스를 파악하고 문제점이나 개선 방안에 대해 설문조사, 워크숍 개최 등의 다양한 방법들이 동원된다.

솔루션을 도입하는 경우에는 솔루션이 제공하는 프로세스와 기능을 파악하는 작업도 함께 병행된다. 시스템 매뉴얼이나 시연을 통해 분석한다. 가능하다면 도입할 솔루션을 이미 사용하고 있는 타기업의 물류 현장을 방문하여 벤치마킹하는 것도 좋다.

이를 통해 현재 운영하고 있는 프로세스가 향후 도입될 경우 어떠한 부분에서 차이가 있는지에 대해 파악을 할 수 있으며 이 차이점을 극복할 수 있는 방안을 모색해야 한다. 현황분석이 향후 구축될 전체적인 시스템의 방향을 결정하는 만큼 충분한 시간과 자원이 투입하는 것이 중요하다.

구 분	주요내용	비고사항
분석보고서	-요구사항 정의서 -현행 프로세스 정의서 -조직구성 및 역할/책임 -프로세스 단계별 출력물 등	
도입솔루션 분석서	-시스템 기능 및 프로세스 분석 -벤치마킹 결과서 -프로세스 단계별 출력물 등	
GAP 분석서	-분석보고서와 도입솔루션 검토서를 참고하여 차이분석 수행 -주요 차이분석 및 극복방안 도출 -기본 TO-BE 방안 도출 -개선효과 분석	

[그림 14-4] 현황분석 단계 주요 산출물 예시

다. 설계 및 개발

현황분석 단계에서 작성된 산출물들을 바탕으로 최종적인 기능과 프로세스 등의 TO-BE를 확정하고 이를 기반으로 실제 시스템 개발을 수행하는 단계이다.

기존에 분석된 요구사항 등 각종 분석 자료들을 바탕으로 WMS의 기능, 구조, 데이터 모델, 프로세스들이 확정되고 세부 개발목록들이 만들어진다. 개발목록에는 화면의 레이아웃, 출력물의 형태, 작업절차, 개발을 위한 세부 로직요건 등이 포함된다.

이러한 문서들을 기반으로 개발자들이 실제 개발을 수행한다. 개발된 프로그램들은 단위 테스트, 통합 테스트, 시스템 테스트, 사용자 테스트를 통해 요구사항이 제대로 반영되었는지 성능에 문제는 없는지 검증하고 개선한다.

구 분	주요내용	비고사항
개발표준	-시스템 개발을 위한 서버, 데이터베이스, 개발도구 등 -개발절차, 단계별 표준 산출물 정의 -화면구성, 용어, 코드스타일, 보안규칙, 변수명명규칙 등	
시스템설계	-WMS기능 정의 -데이터 구조 모델링 -상세 프로세스 기준	
개발문서	-화면 레이아웃 및 조작방법 -화면 입출력 및 데이터 처리 알고리즘	
테스트계획	-테스트 절차, 방법, 기준 정의 -단위테스트, 통합테스트, 시스템테스트, 사용자테스트 시나리오 및 결과	
교육계획	-교육방법, 교육일정, 교육내용 등 명시	
운영계획	-운영절차, 보안 절차, 유지보수 절차	

[그림 14-5] 설계 및 분석단계 주요 산출물 예시

라. 테스트 및 교육

지금까지 계획 수립, 현황분석, 설계 및 개발된 WMS 시스템이 운영 상 문제가 없는지 검증하고 문제점 개선을 통해 시스템 완성도를 높이고 사용자 교육을 수행하는 단계이다.

테스트는 설계 및 개발 시 계획한 테스트 절차와 방법에 의해 진행된다. 일반적으로 특정 기능이나 화면이 문제없는지를 확인할 수 있는 단위 테스트, 프로세스가 정상적으로 수행되는지 확인할 수 있는 통합 테스트, 사용자가 시스템 속도나 최종적인 데이터 검증을 위한 사용자 테스트가 수행된다.

어느 정도 테스트가 진행되고 나면 실제 사용자들을 대상으로 시스템에 대한 충분한 교육이 필요하다. 사람은 안주하려는 의식이 기본적으로 깔려 있고 변화에 대한 거부감을 느낄 수 있는데 시스템을 통해 많은 부분이 개선되고 효율적이라는 점을 잘 부각해 교육에 자발적으로 참여할 수 있도록 노력해야 한다.

구 분	주요내용	비고사항
테스트 결과서	-테스트 결과 보고서 -시스템 보완 및 검증테스트 결과 확인	
교육 결과서	-교육 계획 및 대상, 절차 -교육참석자, 교육내용, 개선사항 등 정리	

[그림 14-6] 테스트 및 교육단계 주요 산출물 예시

마. 시스템 오픈

시스템 구축 및 테스트를 거친 시스템을 실제 업무에 적용하는 단계이다. 이 단계에서는 실제 업무수행 중 문제점이 없는지를 모니터링하고 테스트 단계에서 발견되지 못한 문제점이나 개선 사항을 접수받아 보완하는 작업을 수행하게 된다.

시스템이 안정화 궤도에 접어들게 되면 프로젝트를 종료하기 위한 정리작업이 진행되며 미진한 산출물을 정리하고 최종 보고서를 작성하게 된다.

구 분	주요내용	비고사항
최종보고서	-시스템 구축 진행 경과 보고 -구축 시스템 현황 및 개발 결과 보고 -향후 확대적용 및 개선방안 등 명시	
운영자매뉴얼	-시스템 구축 및 운영환경 -시스템 일반적인 운영방법 및 절차서 -시스템 장애 대응 절차	
사용자매뉴얼	-시스템 접속, 기본사용 방법 -프로세스 흐름 및 전체적인 절차 -화면 등 업무단위별 세부 조작방법 등 설명	

[그림 14-7] 시스템 오픈 및 완료 산출물 예시

03 구축 시 검토사항

가. 신뢰성

산출물 및 WMS 시스템이 오류나 문제점이 없이 안정적으로 운영될 수 있도록 각 프로세스 단계별로 오류 및 문제를 보완할 수 있도록 프로젝트 내에 내부적인 통제기능과 승인절차가 필요하다. 시스템의 운영 시에도 어떤 문제가 발생되어 중단되거나 데이터가 손실될 경우를 대비하여 백업시스템 등의 비상대응 시스템 등의 구축이 필요하다.

나. 기능성

시스템 구축 목적에 적합한 기능을 구현할 수 있는 산출물 및 시스템의 개발이 진행되어야 한다. 아무리 훌륭한 시스템이라 하더라도 해당 기업에서 요구하는 기능이 없다면 아무 쓸모도 없다. 도입하고자 하는 기업의 필요로 하는 요구사항을 충분한 검토과정을 거쳐 최대로 반영하려는 노력이 필수적이다.

다. 사용자 편의성

시스템이 누가 보아도 어떠한 내용인지, 어떻게 조작하여야 하는지에 대해 쉽게 인식할 수 있도록 편의성을 고려하여 개발되어야 한다. 가령 시스템에 사용되고 있는 글자 크기 조정을 통해 인식의 편의성을 높인

다든지, 아이콘을 보다 인식이 쉽도록 그림을 변경한다든지, 용어를 통일하고 쉽게 풀어 쓰는 등의 노력이 필요하다.

라. 유연성 및 최적화

시스템 운영 중에 발생하는 오류의 원인을 쉽게 찾아내어 고칠 수 있어야 하며, 시스템의 변경이나 확장 시에 쉽게 대응될 수 있도록 시스템 설계 시 미리 고려되어야 한다. 또한, 반복적이고 중복적인 프로세스는 배제하고 통합 단순화하고 단위 단위의 효율화보다는 모듈 단위 또는 전체적인 관점에서의 최적화하는 노력이 필요하다.

마. 활용성

WMS 시스템의 구축이 프로젝트의 끝이 아니다. 산출물 등 모든 결과물들은 향후 필요한 시점에 쉽게 활용될 수 있도록 정리되어야 하고 누구나 쉽게 접근할 수 있어야 한다. 또한 활용적인 가치가 떨어지지 않도록 지속적으로 변화된 사항에 대해 업데이트하여 항상 최신의 상태로 유지되도록 하여야 한다.

참고 문헌

www.autostoresystem.com

www.coupang.com

www.tompkinsrobotics.com

www.ulogistics.co.kr

www.pointmobile.com   포인트모바일

www.asetec.co.kr   아세테크

m3mobile.co.kr   M3모바일

www.datalogic.com   데이타로직

www.honeywell.com   허니웰

www.nuridsm.com   누리디에스엠

www.alienasia.com   에일리언테크놀로지

www.seder.co.kr   SEDER consulting & solution

www.geargo.co.kr   회명산업(주) 정보통신사업부

www.sinc.co.kr   신세계I&C

www.ofa.co.kr   한국OFA

www.dmforklift.co.kr   코리코

www.booxen.com   북센

www.sammicomputer.co.kr   삼미정보시스템

www.intermec.com   인터맥

www.symbolkorea.com   심볼테크놀로지스코리아

www.zebra.com   Zebra Technologies, ZIH Corp

www.nplastic.co.kr   내쇼날플라스틱

www.sejung.co.kr   (주)세정 여주물류센터

www.logiscube.com   (주)로지스큐브

bard.google.com   구글

atid1.com   ATID Korea

SCHAEFER Systems International Pte Ltd

이노텔레텍

2024 개정판
WMS 원리와 이해

1판 1쇄 발행   2023년 12월 1일

지 은 이	김정현(kjh105208@naver.com)
	이만조(manjo2@hanmail.net)
발 행 인	최봉은(rainsun@widcloud.com)
펴 낸 곳	위드클라우드
출판등록	제406-2019-000082호
등록일자	2019년 7월 30일
주 소	경기도 파주시 능안로 37 한라 113-1001
I S B N	979-11-970240-2-3
정 가	35,000원